古典文獻研究輯刊

三九編

潘美月・杜潔祥 主編

第 53 冊

傳統中國：文獻學專輯（上）

司馬朝軍 主編

國家圖書館出版品預行編目資料

傳統中國：文獻學專輯（上）／司馬朝軍　主編 -- 初版 --
新北市：花木蘭文化事業有限公司，2024〔民 113〕
目 2+168 面；19×26 公分
（古典文獻研究輯刊 三九編；第 53 冊）
ISBN 978-626-344-973-2（精裝）
1.CST：文獻學 2.CST：文集 3.CST：中國
011.08　　　　　　　　　　　　　　　　113009891

ISBN-978-626-344-973-2

9 786263 449732

古典文獻研究輯刊
三九編　第五三冊　　　　　ISBN：978-626-344-973-2

傳統中國：文獻學專輯(上)

主　　　編　司馬朝軍
總 編 輯　杜潔祥
副總編輯　楊嘉樂
編輯主任　許郁翎
編　　　輯　潘玟靜、蔡正宣　美術編輯　陳逸婷
出　　　版　花木蘭文化事業有限公司
發 行 人　高小娟
聯絡地址　235 新北市中和區中安街七二號十三樓
　　　　　　電話：02-2923-1455 ／傳真：02-2923-1452
網　　　址　http://www.huamulan.tw 信箱 service@huamulans.com
印　　　刷　普羅文化出版廣告事業
初　　　版　2024 年 9 月
定　　　價　三九編 65 冊（精裝）新台幣 175,000 元

傳統中國：文獻學專輯（上）

司馬朝軍　主編

作者簡介

司馬朝軍，上海社會科學院歷史研究所研究員、中國傳統學術研究中心主任、《傳統中國》主編、《文澄閣四庫全書》總編纂，原任武漢大學國學院經學教授、歷史學院專門史教授、信息管理學院文獻學教授、中國傳統文化研究中心研究員、黃侃研究所研究員、文獻學研究所副所長、四庫學研究中心主任、武漢大學珞珈特聘教授，此外還充任上海交通大學、湖南大學、湖北師範大學、衢州學院等校兼職教授。著有《四庫全書總目研究》《四庫全書總目編纂考》等四庫學系列著作，主編《辨偽研究書系》，此外出版國學系列著作多種。組織主持「經學論壇」與「江南學論壇」，主編學術集刊《傳統中國研究集刊》。

提　　要

　　本書為《傳統中國》之「文獻學專輯」，專稿欄目收文 4 篇，重點介紹《文澄閣四庫全書》與《永樂大典「聚珍」》（即《四庫全書》之永樂大典本彙編），並指明四庫學研究的戰略路徑；目錄版本校勘、綜述、札記欄目各收文 2 篇；辨偽、輯佚、地方文獻欄目各收文 1 篇；專題論文欄目收文 4 篇；書評欄目收文 5 篇；序跋欄目收文 7 篇。這些文章涉及文獻學的各個分支，是近年文獻學研究的重要收穫。

目

次

專　稿

《文澄閣四庫全書》發布《洛陽宣言》

《文澄閣四庫全書》編纂委員會

2022 年 7 月 16 日，由《文澄閣四庫全書》編纂委員會主辦，《文澄閣四庫全書》洛陽工作中心承辦的首屆中國《文澄閣四庫全書》洛陽論壇在洛陽市孟津區魏家坡景區花築奢·魏紫別院舉行。與會代表認真學習中共中央辦公廳、國務院辦公廳印發的《關於推進新時代古籍工作的意見》，結合編纂《文澄閣四庫全書》的實踐，暢談心得，交流經驗，會後發布首屆中國《文澄閣四庫全書》論壇《洛陽宣言》，全文如下：

以推動中華優秀傳統文化創造性轉化、創新性發展為己任的《文澄閣四庫全書》編纂工作，自 2016 年啟動以來，已取得階段性的重大成果，在海內外均產生積極反響。隨著編纂工作的深入推進，會有更多的地區和城市加入進來，共同完成這一曠世傑作。

今天，來自河北、山東、江西、上海等地的 30 餘位專家學者相聚千年古都洛陽，就中國歷史上編纂的最大叢書《四庫全書》進行有關學術問題研討，對新時代編纂《文澄閣四庫全書》的相關工作進行安排部署，並聚焦《四庫全書》與洛陽主題，從不同側面、不同角度進行了廣泛深入的研討，達成如下共識：

一、明確重大意義，確立方向定位

《文澄閣四庫全書》這部包羅宏大、卷帙浩瀚的叢書，最初是由中共中央政治局原委員、全國人大常委會原副委員長李鐵映同志倡導，由《四庫全書》總編纂紀曉嵐的滄州同鄉，並擁有三十多年四庫學研究成果的著名學者何香久先生擔綱總編纂，國內頂級的四庫學專家全程參與指導。新編古籍取

「文澄」之名，意重一脈相承，澄清學術根本，還原歷史原貌，是對庫書文獻價值、學術價值的重要開發利用，也是中國當代工楷書法藝術的一次無與倫比的集中展示。

《文澄閣四庫全書》，擬收錄上自先秦，下至 1911 年歷代典籍 14000 餘種，近 32 萬卷，6000 餘幅插圖及 460 餘方印鑒，分裝 15 萬冊，約 32 億字（《四庫全書》總計 8 億字）。這既是對中華古籍整理出版的延續與發展，也是在保護傳承的基礎上，創造性轉化、創新性發展，不斷賦予時代內涵、豐富表現形式的大膽嘗試。

二、廣泛招徠人才，建強兩支隊伍

從對典籍的調查、鑒別、分類，到典籍的著錄、校勘、審核等項工作，是一項繁瑣、枯燥且專業性很強的工作，不僅要有高度的責任感和敬業精神，還要具有豐富的工作經驗以及較高的理論水平和專業技能。《意見》明確提出強化人才隊伍建設，要建設一支穩定高素質的典籍人才隊伍，以適應工作需要。

要加強與大專院校、學術機構和出版社的互相聯繫和互相合作，通過開展學術交流，營造學術氛圍，提高學術水平，重點在歷史、文化、哲學、宗教、藝術、醫藥、曆法、農業、科技、文學、戲曲等多個領域和方面取得突破，形成一批編纂出版成果。

《四庫全書》問世 230 多年來第一次重訂重抄，採用手工繕錄的方式，是當代書法藝術創作的一次高規格、高水準的集中展示。在遴選書法家方面，要選擇不同藝術風格和藝術流派的書法家，並制定嚴格的抄錄規範。充分尊重典籍的整理原則，既要有傳承也要有創新，根據現代閱讀的需要，可適當增添一些繪畫插圖，加深對作品的直觀認識。抄錄以居家為主，適當集中展示。在每一繕錄項目啟動前，書法家都要接受嚴格培訓，以保證繕錄的高質量。

三、精心組織謀劃，確保編纂質量

《意見》明確提出，既要求「傳世文獻系統性整理出版」「基礎古籍深度整理出版」，還要「加快出土文獻整理研究成果出版利用」，讓精品益精，出土文獻與傳世文獻結合互補，相得益彰。要緊盯從典籍的徵集、甄別、編輯到繕寫、校勘、印刷等全流程關鍵環節，確保《文澄閣四庫全書》編纂質量。

《文澄閣四庫全書》是新時代中國的標誌性文化工程，必須精心規劃，並有效地組織實施，做到精選精編，精益求精，讓每一部入庫的典籍都成為精品。

　　洛陽地處「天下之中」，是最早的中國，是蜚聲中外的十三朝古都和歷史文化名城。河洛地區是炎黃二帝為中華民族奠基的主要區域，華夏族的搖籃。河洛文化是中華文化的根文化、母文化和主流文化。在數千年的歷史長河中，這裡產生了一大批影響中國歷史發展進程的偉大人物，誕生了一大批奠定中華文化基因、傳播華夏文明思想的華采典籍。《文澄閣四庫全書》編委會同意冠以「河洛文庫」命名這些歷代典籍，並分門別類地編入《文澄閣四庫全書》中，既作為其重要組成部分，又相對獨立，這不僅是對河洛文化的完美詮釋，也是對《文澄閣四庫全書》的增色添彩。希望洛陽工作中心大膽探索、先行先試，為全國各地的編纂工作提供可複製、可推廣的經驗和做法。

　　「河洛文庫」要優先策劃一批流傳較廣、影響較大、具有民族精神和當代價值的典籍。譬如北宋著名史學家司馬光居洛十五年撰寫的《資治通鑒》這部編年體史學巨著，蘊含大量的為政愛民、選賢任能、文德武略、創業守成、納諫改過、為人處世、和諧社會、居安思危、精忠報國的經典故事，自成書以來，歷代帝王將相、文人騷客、各界要人及普通百姓爭讀不止。毛澤東對於《資治通鑒》愛不釋手，通讀了 17 遍。首先要精心挑選版本，然後邀請功力深厚的書法家參與抄寫，期間還可以舉辦與《資治通鑒》內容以及抄寫工作相關的系列活動，以便擴大影響。

　　又如洛陽是客家人最主要的遷出地，是客家人的精神家園，可以在《文澄閣四庫全書》「河洛文庫」中開闢「客家古籍文獻」專題，將那些由著名客家人寫的重要典籍或以客家為主要內容的典籍整理出來，在客家人中招募書法家繕寫，於 2025 年第 33 屆世界客屬懇親大會在洛陽召開之際，舉行隆重的出版首發儀式，這無論是對《文澄閣四庫全書》或是世界影響都是巨大的。

四、強化工作保障，加快轉化利用

　　《意見》就強化古籍工作保障、加快古籍資源轉化利用做了全面部署。要通過有效的政策機制，鼓勵、支持和爭取社會力量參與到這一工作中來。利用數字化技術，讓更多中國古籍走進大眾視野，「飛入」尋常百姓家。

　　建立健全編纂工作經費保障機制是關鍵。一是要盡快立項，積極爭取各級財政部門的支持，將編纂經費列入年度財務預算；二是國家新聞出版署每年都要公布年度國家古籍整理出版資助項目，要通過出版社，將收入四庫裏的具有重大價值的典籍作為申報選題；三是爭取社會力量參與，特別是那些熱愛傳統文化的企業家，讓他們從獲得相同價值的贈書和享受減免稅優惠政

策中實現社會效益和經濟效益的雙贏。

　　《意見》提出加快古籍資源轉化利用，包括挖掘古籍時代價值，促進古籍有效利用，推進古籍數字化，做好古籍普及傳播。一是通過古籍再生性保護這一嶄新的編纂出版形式，建設《文澄閣四庫全書》大數據庫及信息化數字平臺，實現一鍵檢索和可視化呈現，打造兼具知識性、專業性、趣味性的讀者體驗品牌項目，在品味優美詩文典籍的同時，又欣賞蒼勁剛健、大氣磅礴的書法佳作；二是加大宣傳推廣力度，多渠道、多媒介、立體化，推動古籍走向大眾，傳播大眾；三是通過舉辦類似「書寫典籍裏的文字，講好典籍裏的故事」系列活動，以講好典籍中的中國故事為切入點，烘托和營造現場的書寫氛圍，帶動讀者深入瞭解典籍中的優秀傳統文化，真正讓書寫在典籍中的文字「活」起來。

　　編纂《文澄閣四庫全書》是一項惠及子孫後代的功在當代、利在千秋的宏偉工程！讓我們以「功成不必在我，功成必定有我」的使命擔當，久久為功，打造這一新時代的文化高地！以咬定青山不放鬆的執著，埋頭苦幹、勇毅前行，推動編纂工作走深走實。

2022 年 7 月 16 日

中國洛陽

《文澄閣四庫全書》前言

何香久、司馬朝軍

一、《文澄閣四庫全書》的編纂緣起

眾所周知，《四庫全書》是清代乾隆時期編修的超大型圖書。據文津閣藏本，共收錄 3462 種圖書，計 79338 卷，36000 餘冊，約八億字。《四庫全書》對 18 世紀以前的中國文化進行了一次系統總結，大體上呈現出了中國文化的知識體系。

《四庫全書》當時抄了七份，先抄好的四部，分貯於紫禁城文淵閣、圓明園文源閣、遼寧瀋陽文溯閣、河北承德避暑山莊文津閣，這就是傳說中的「北四閣」。後抄好的三部分貯揚州文匯閣、鎮江文宗閣、杭州文瀾閣，這就是傳說中的「南三閣」。文源閣、文匯閣、文宗閣《四庫全書》先後毀於戰火，文瀾閣《四庫全書》在太平軍攻佔杭州時也被焚毀大半。原藏於紫禁城文淵閣的現在存於臺北故宮，原藏於遼寧瀋陽文溯閣的現在存於甘肅省圖書館，原藏於河北承德避暑山莊文津閣的現在存於國家圖書館。

我們把這部新修的四庫全書，定名《文澄閣四庫全書》。四庫七閣最初效法寧波天一閣，天一生水，故乾隆帝為七閣命名時皆帶水字旁（文宗閣除外）。七閣之後之所以繼之以「澄」，澄清一也；澄明二也；澄雪三也；澄辨四也；澄肅五也。乾隆帝的七閣名為「稽古右文」，實際上演變為一項政治防火與思想統治工程，學術被政治強暴了。我們編纂《文澄閣四庫全書》，濁者清之，暗者明之，冤者雪之，偽者辨之，反者肅之。如此，方能步入澄明之境。重訂四庫不是重複四庫，更不是對《四庫全書》的否定。相反，我們滿懷敬畏之心從事這項工作——向乾隆三十八年以降所有參編元典的四

庫館派（《四庫全書》職表上有 360 名館臣，還有名不載職名表的眾多館臣）致敬！向 230 多年來為《四庫全書》事業孜孜奮鬥的一代代學人致敬！正是他們為四庫學的建設所付諸的一切努力，為我們導夫先路，並成為我們奮鬥的精神資源。概言之，重新修訂四庫是為了還四庫清淨澄明的學術本原，進而回到乾嘉學人「以實心勵實學」的原點。

《文澄閣四庫全書》項目是由原中央領導同志倡導，國家撥付引導資金支持，河北省文聯實施的一項超級文化工程。從 2016 年 8 月籌備，2017 年 10 月立項，至今已整整六年。因為工作之便，編纂中心就設在河北滄州。滄州也是《四庫全書》總纂官紀曉嵐的故鄉，可以說是天作之合。

其實《四庫全書》真正完成最後的工作是嘉慶九年二月，總纂官紀昀不僅親自組織、領導了文津、文源、文淵三閣庫書的復校工作，而且這最後的補錄工作亦是由他主持。嘉慶十年，他帶著大事了畢的滿足離開人世。從 49 歲到 82 歲，他付出了 33 年光陰。他是經歷了《四庫全書》從征書到最後完成過程的第一人。

這樣一套巨型圖書，自問世以來引無數學人競折腰，如今，四庫學已成為顯學，其研究領域涉及目錄、版本、校勘、編纂、輯佚、辨偽、考證諸方面。尤其近年來，四庫學成為高校熱門學科，研究領域不斷向縱深拓展。這一切，都為我們創造了良好的學術環境。

二、《文澄閣四庫全書》的編纂框架與學術價值

《文澄閣四庫全書》的框架體系在分類上突破了《四庫全書》的經、史、子、集四部分類法。

《四庫全書》在分類上存在不少死穴，這一點治專學的學者們多有論證，不再贅述。即使是《四庫全書總目》與《四庫全書薈要》，在圖書分類上也存在較大差異，如《易象圖說》總目上列入子部數術類，《薈要》則列入經部易類；《春秋左氏傳事類始末》，《總目》列入史部紀事本末類，《薈要》則列入經部春秋類；《大學衍義》，《總目》列於子部儒家類，《薈要》列入經部儒家類；《晏子春秋》，《總目》在子部墨家類，《薈要》在史部傳記類；《欽定叶韻彙編》，《總目》在經部小學類，《薈要》在子部類書類。這種相異之處有 91 例。

我們把全部內容分為 24 個類纂（附錄《直隸文庫》），具體情況如下：

（1）易學類纂

（2）群經類纂【尚書類、詩經類、三禮類、春秋類、五經總義類】

（3）小學類纂【訓詁、字書、韻書、音義】

（4）正史類纂【正史類、編年類、紀事本末類、詔令類、史評類】

（5）別史傳記類纂【別史類、雜史類、傳記類、載記類】

（6）政書類纂【官制、官箴、通制、邦計、軍政、法令、考工】

（7）地理類纂【邊防、古蹟、雜記、外記、遊記、風物】

（8）方志類纂【按政區分】

（9）目錄類纂

（10）金石類纂【金類、石類】

（11）儒學類纂

（12）諸子百家類纂【道家、墨家、兵家、法家、名家、農家（時令類附）、陰陽家、小說家、雜家】

（13）天文算法類纂【推步、算書】

（14）神秘術數類纂【數學、占候、相宅相墓、占卜、命書相書、陰陽五行、雜技術】

（15）雜學博物類纂【雜考、雜說、雜品、雜纂、器物、食譜、草木蟲魚】

（16）藝術類纂【書畫、琴譜、篆刻、雜技】

（17）醫家類纂【內科、外科、婦科、產科、兒科、本草、針灸、醫案、方劑、湯液、驗方、藥性、養生】

（18）宗教類纂【儒教、道教、佛教（含禪宗）、民間宗教】

（19）別集類纂【漢—清詩文別集】

（20）總集類纂【楚辭類附　詩文評類附　奏議類附】

（21）詞曲類纂【詞集、詞選、詞話、詞譜、詞韻、南北曲】

（22）戲劇類纂【元明清雜劇】

（23）小說類纂【含宋遼金元明各種話本、擬話本】

（24）類書類纂【綜合性類書、專科性類書】

附錄直隸文庫【直隸地區（今北京、天津、河北）著述集成】

從歷史、文化、哲學、宗教、藝術、醫藥、曆法、農業、科技、文學、戲曲等多方面全方位展示中華燦爛文化。復興中華文化並非空喊口號，需要編纂一部集大成的文獻大典。

《文澄閣四庫全書》的學術價值有三：

第一，補《四庫全書》之闕。《四庫全書》是中國古代最大的圖書，但當時受到文化專制政策與文字獄的惡劣影響，大量古書在修書過程中被全毀和抽毀。《文澄閣四庫全書》將禁燬的部分依據相關文獻進行補錄，將抽毀的書目予以補齊，真正使《四庫全書》獲得新生。另外，《四庫全書》不收釋、道二教元典，而《文澄閣四庫全書》則將重要典籍收錄了進來，以保證中華文化的完整性。還有，《四庫全書》不立說部，以為小說之類文學作品是異流，不宜收錄，我們也補上了這個缺憾，將大量宋元明清話本、擬話本等收入書中。

第二，糾《四庫全書》之誤。《四庫全書》因係手抄，加上不少版本選擇失誤，出現了大量的訛誤，魯魚亥豕隨處可見，張冠李戴時有發生，此次重新繕錄，嚴格把關，可望將庫書錯訛儘量一一訂正。

第三，接《四庫全書》之緒。七閣《四庫全書》收書下限均在清前期，《文澄閣四庫全書》收書下限定在 1911 年，把中國五千年文化做了一次總結帳。

三、《文澄閣四庫全書》的編纂路徑

首先，對所選取的版本進行精心校勘，不僅以善本作為參校本校勘，而且以文津閣庫書同文淵閣庫書、薈要本庫書互校。後者對釐清四庫的版本關係幫助良多。我們的原則是，哪一種版本精良，就選用哪一種版本繕錄。

其次，對四庫全書所存在的大量抽毀文字，以及錯、訛、衍、脫進行校正。對《四庫全書》中因避諱、傳抄等造成的錯訛，依照善本進行校勘訂正，還古籍的本來面目，為今後進一步開展四庫學研究提供必要的支持，進一步彰顯《四庫全書》的學術價值。

再次，對每一種書都依據相關文獻詳盡考訂，進行版本溯源，釐清版本的來龍去脈。

《四庫》體系相關版本中，凝結著從清乾嘉時期到民國數代國學大師心血，此次整理，是一次血脈相承的文化接力。

編纂工作以相關高校為學術依託，並根據課題發展需要，邀請國內更多院

校和科研院所的專家學者參與，將此書編纂工作放在一個專業學科的平臺上進行。

信息量很大且能完成共享，是大四庫時代的顯著特點，我們從海外圖書館藏中，徵得了不少國內所難覓的孤本善本。

四、《文澄閣四庫全書》的「手抄」方式

《文澄閣四庫全書》有多大體量？差不多是《四庫全書》的四倍，即1·4萬種圖書，三十一萬七千三百五十卷，32億字。

《文澄閣四庫全書》採用手抄的形式，版式依照《四庫全書》，朱絲欄，半頁8行，行21字。這也是七閣庫書統一的制式。

為什麼採取人工抄錄？首先，因為《四庫全書》在成書過程中，有相當數量被抽毀，這次重修，把抽毀和刪改的部分據善本補齊、更正，並在校勘記中標出。其次，《四庫全書》因係手工抄錄，雖錯誤責罰較嚴苛，但錯別字還是多如牛毛。有的屬於「手民之誤」，有的屬於「形近而誤」，有的則純屬於「臆改」，還有的提要文字張冠李戴，這次重修，依據善本，儘量予以匡謬補遺。

而且，約占全書四分之三的《四庫全書》未收書，版式各異，重新抄寫亦是為版式統一之計。另外，有很多原版本存在頁面缺失、模糊不清、文字訛脫之處，重新繕錄可使上述問題得以解決。當然，為了保存版本信息，我們在該書匯考或者校記中保留了原書書影及版本狀況。

在提筆寫字成為奢侈奢的今天，能抄出如此體量的文字已屬奇蹟。只是在全國覓到近萬名繕寫者，就不是一件容易的事情。《文澄閣四庫全庫》的繕錄是一個巨大的工程，抄品要經過五次核校，才能進入出版程序。這其中所耗費的心力，絕非簡單的數字能夠考慮了。

好在此書已陸續出版面世，我們也有機緣求教於讀者諸君。海內賢達，幸垂教焉。

【附錄】文澄閣四庫全書銘

閣名文澄，必先正名。辨章學術，故曰澄清。糾正偏謬，是謂澄明。剖別真偽，澄雪是用。追溯源流，澄辨其中。稽古右文，澄肅縱橫。偉哉四庫，契昭雲虹。干乎天寶，鈿軸彌增。今逢盛世，海晏河清。牙籤再錄，懸圃三成。斫山之役，以期汗青。麟閣所處，龍圖昌興。杖吹藜火，衣染爐鼎。竹

編未朽，瓠木猶榮。玉枕石函，掇拾畸零。學海沿波，瑕瑜互鏡。岫府丹宸，文德四溟。寶牘十萬，地緯天經。錦帆捩舵，玉軑飛鈴。發凡探微，南車繼踵。我輩緣此，遙溯雲龍。人文化成，大願乃明。

《永樂大典「聚珍」》出版前言

盧仁龍、司馬朝軍

一、《永樂大典》的編纂與流傳

六百二十年前，永樂元年（1403 年）七月，明成祖朱棣下令，編纂集古今典籍為一體的一部大型類書，諭旨翰林侍讀學士解縉：

> 天下古今事物散載諸書，篇帙浩穰，不易檢閱。朕欲悉採各書
> 所載事物類聚之。爾等其如朕意，凡書契以來，經史子集百家之書，
> 至於天文地理、陰陽醫卜、僧道技藝之言，備輯為一書，毋厭浩繁。

並發動大規模徵集圖書搜訪遺編，以備修書資用。

江西人解縉享有「天下第一才子」之稱，曾是朱元璋朝事重臣，參與過許多編纂工程，朱棣也是一舉多得，既讓舊朝文臣歸順，且以宏大的事業激發他們效力。

皇命如電，編書行家裏手解縉統領著一百四十七位碩學鴻儒，在南京文淵閣開編，歷時十六個月編成，二年十二月（1404 年）進呈，永樂皇帝將之賜名《文獻大成》。

永樂皇帝仔細瞭解後，認為內容多有未備，許多新徵集的圖書沒有利用，下令重修，加派太子少保姚廣孝、刑部侍郎劉季箎，協助解縉一起，擴充內容、加入儒學以外缺略的內涵，編纂人員增加至 2169 人，從事纂修、編寫、看詳、校正、謄錄、繪圖、圈點等工作，其中多朝野名儒、佛道高僧，利用明朝皇家圖書館——文淵閣所藏書，這裡不僅彙集了前朝存世的七八千冊書籍，大量民間書籍也不斷入藏。全書按《洪武正韻》編成，「用韻以統字，用字以繫事」。又歷時一年多，永樂六年（1408 年）十二月告成，姚廣孝等

奉表進呈。

永樂皇帝審閱後，特御製序以冠之，稱：

> 上古自初，迄於當世，旁搜博採，匯聚義分，著為奧典，包括
> 宇宙之廣大，統會古今之異同。鉅細精粗，粲然明備。其餘雜家之
> 言，亦皆得以附見。

正式賜名為《永樂大典》。

《永樂大典》編纂告竣後，正式清抄一部，用特製的紙張，抄本頁面宏闊，較古今傳刻書大一倍以上，雙色抄寫，圖繪精細，用硬黃夾紙包背裝，盡顯皇家氣派，是為《大典》之正本，永樂七年（1410 年）告藏事，這個抄本入藏南京文淵閣。這樣，超邁往古的鴻篇巨製橫空出世，《永樂大典》共計二萬二千八百七十七卷，共一萬一千零九十五冊，另有凡例並目錄六十卷。其時，永樂皇帝在北京開建新的皇宮！

編纂清抄之後，永樂皇帝敕復抄一部，擬作刊刻的底本，因重抄工巨費多而罷。永樂十九年（1421），北京新皇宮建成，從南京遷都北京，永樂皇帝將《永樂大典》全帙移儲北京文淵閣，煌煌巨製，也為新皇宮賦予了文化靈魂。

永樂皇帝之後的明朝嘉靖皇帝雅愛文化，經常放一兩本《永樂大典》在案頭翻閱。嘉靖四十一年（1562）禁中失火，幾被波及，得救護保全，幸未被六丁攝去，嘉靖皇帝因此對這存世一百五十多年的祖輩偉業的孤存於宮，雖躲過了這場宮火，因為擔心被大火焚毀，愧對祖先。雖無力刻傳全書，於是下令重抄一部，立刻詔敕閣臣徐階遴選禮部儒士程道南等一百人，重寫正副二本，命宰輔高拱、張居正主持校理。書手一百零八人，每人日錄三葉，嘉靖皇帝對此特別用心用意，要求規制與正本無二，這個在位長達四十五年，為明朝作皇帝第二時間長的嘉靖皇帝，沒有見到全抄錄副告成，這次重錄歷時 6 年，與編纂時間相等，全部化身成雙時，嘉靖皇帝已經駕崩三個月。副本別藏宮外重地，東華門外的皇史宬，史稱副本。規制與正本無二，距此書入京也已一百四十多年。

不過嘉靖皇帝的洞見與努力，沒有辜負歷史，作為偉大的傳承者，應該寫下他的功業。

隆慶、萬曆以後，邊疆多故，君昏臣沓，文治不修，朝野幾乎沒有人過問到《永樂大典》，明室覆亡之時，《永樂大典》宮內正本毀於明末戰火，副本則遭塵封過久而遺忘，並開始散落。

二、《永樂大典》的四庫輯佚

任何偉大的事業，從來如神一樣的存在，其實就是多數時間被人冷漠、遺忘，只有同樣具有雄才大略的後繼者才有會於心。立志而為，擇機而行。

歷史的年輪進入清朝，康熙時纂《古今圖書集成》，編《佩文韻府》等類書，對《永樂大典》多所取資。雍正皇帝登基後，將《永樂大典》庋存翰林院，文臣學士首次得以一睹這部巨製。但文官重臣本來能進翰林院並長時間居之者甚少，公務匆繁之際，罕有餘暇博及此典。

時間來到《永樂大典》編纂後 370 年，1772 年正月初四，乾隆皇帝頒召編纂《四庫全書》。

這一輝耀古今的空前之舉，實際是之前一年，內閣大臣朱筠上奏，建議從《永樂大典》中抄錄和搜輯佚書。乾隆皇帝器宇宏大，下令搜錄《永樂大典》佚書與編纂《四庫全書》並舉，而且以搜錄《永樂大典》佚書作為編纂《四庫全書》的前奏。

在乾隆時代，《永樂大典》雖已缺失一千多冊，但萬卷巨製基本完備。從《永樂大典》中抄錄和搜輯佚書是《四庫全書》館臣所從事的一項最有價值的工作。

《四庫全書》開館後，設專門的《永樂大典》輯佚隊伍，指定三十位飽學之士在翰林院從事這項工作，主要負責的是周永年，並配有抄錄人員六十個，這不僅是編纂《四庫全書》的開始，也是《四庫全書》的核心事務，與武英殿修纂處並行

四庫館臣對於《永樂大典》輯佚工作比較認真，並在乾隆的親自督導下進行。所以從進度到質量，《永樂大典》輯佚本都是嚴肅與高質量的。在現存的《四庫全書纂修檔案》中，關於《永樂大典》輯佚工作的編校流程、質量獎懲數量極多，而且乾隆命館臣將所成各輯本撰寫提要，從文津閣《四庫全書》所錄書前提要看到，《永樂大典》輯本各書提要撰寫時間最早的是乾隆三十八年，以三十九年最多，這是《永樂大典》輯本中確定收入《四庫全書》的確切史料。

《四庫全書》中《永樂大典》本的數量是：

經部：70 種，其中未佚者 6 種，據《永樂大典》校補者 8 種；

史部：41 種，其中未佚者 3 種，據校補者 7 種；

子部：102 種，其中未佚者 30 種，據校補者 10 種；

集部：175 種，其中未佚者 10 種，據校補者 4 種。

共計：388 種。

《四庫全書》存目大典本數量是：

經部：9 種，史部：38 種；子部：71 種；集部：10 種。

共計：158 種。

《永樂大典》原始總量是目錄 60 卷，共計 22937 卷，總字數約 3.7 億，收入《四庫全書》輯錄本的 388 種，近 5000 卷，總數約 3600 萬字，字數總量已達到《永樂大典》的 10%左右。

宋代學者鄭樵在《通志‧校讎略》中曾論道，「有書亡而實存者」，此其顯例。

沒有這一舉措，今天的二十四史就會缺少《舊五代史》，宋人別集就會篇幅大減。

由於嚴格的甄錄標準，劃入存目的 128 種，今天已無法再見存篇，人們只能從存目提要中尋訪這些早已遺落的信息。

《四庫全書》中的「永樂大典本」不僅數量可觀，因為後來《永樂大典》罹難重殘，輯錄核查的本源既已嚴重損失，這些輯本就更顯得彌足珍貴，往往成為後世傳抄傳刻的祖本。

據資料表明，參與其中的重要學者有：四十一位，著名的學者有：邵晉涵，錢大昕、周永年，任大椿、翁方綱、餘集，其中邵晉涵所輯《舊五代史》、戴震所輯數學著作最為後世學者所敬重，因此，《永樂大典》輯本是乾隆時代學術精英所做出的巨大貢獻。

三、《永樂大典》的輯佚價值

《永樂大典》因為利用宮藏文獻編成，而宮藏文獻繼承了自宋元以來的皇家藏書以及朱元璋時期徵集、編纂的大量文獻，而《永樂大典》編成至乾隆編纂《四庫全書》，又經歷了三百七十年的時間，古書散亡甚多，尤以宮藏最劇，因此《永樂大典》抄錄之功愈後而愈顯。

北京大學教授孫欽善撰文指出，「留存《永樂大典》文獻，獨一無二」，並具體論述道：

> 《四庫全書》對《永樂大典》佚書的輯復是中國文化史上空前絕後的一次大搶救。從此，這些文獻由於被輯入《四庫全書》而得以流傳後世。

　　《四庫全書》中的大典本不僅數量可觀，而且因為後來《永樂大典》罹難重殘，輯錄、核查的本源既已嚴重損失，這些輯本就更顯得彌足珍貴，往往成為後世傳鈔、傳刻的祖本。由上述可知，《四庫全書》的版本價值是無可懷疑的。

　　《四庫全書》輯《永樂大典》本，按朝代分：唐以前，包括唐五代，共28種；宋，267種。遼金元，69種。明6種。

　　宋代文化發達，但清代乾隆時期已所見無多，而《永樂大典》孤傳存世宋代文獻最多，所以《四庫全書》輯《永樂大典》，尤重宋代文獻，成果亦最為豐富，字數占所有輯本的八成

　　臺灣研究宋史的學者黃寬重，曾撰寫《文津閣本宋代別集的價值及其相關問題》。他認為：

　　　　文津閣本宋代文集的部分，保留了不少各書作者個人生平事蹟及詩文的評論資料，對研究各文集的作者提供了更為豐富的信息；此外文中也保留許多對研究宋代史事有所說明的史料，顯示文津閣本的史料價值。

　　《四庫全書》館臣都是學問優渥之人，強大而專業的團隊一起切磋、磨堪舊本，對《永樂大典》僅存書，除將《永樂大典》各韻目下鉤稽排比之外，利用他們博學的專長，對《永樂大典》以外之存世文字，全面鉤稽、搜羅，所成各《永樂大典》輯本更加完備。特舉兩例以明：

　　　　《文恭集》五十卷《補遺》一卷（永樂大典本），陳氏《書錄解題》載宿集七十卷，久無傳本。近人編《北宋名賢小集》，所輯僅寥寥數篇，厲鶚撰《宋詩紀事》搜羅至博，所錄宿詩，亦只從志乘掇拾，未窺全豹。至金元好問選《唐詩鼓吹》，誤編入宿詩二十餘首，說者遂以為唐末之人，爵里未詳。今考好問所錄諸詩，大半在《文恭集》內。且其中有《和朱況》一首，其人為胡氏之婿，與宿同籍常州。具見所撰《李太夫人行狀》，確鑿可據。好問乃不能考證，舛錯至此，亦可知金、元之間，其集已罕覯矣。今惟《永樂大典》分採入各韻下者，裒而錄之，計詩文一千五百餘首。雖未必盡合原目，而篇帙較富。已可什得其八九。謹以類編次，釐為五十卷。庶俾藝林好古之士得以復見完書。其有《永樂大典》失採而散見於他書者，則別加搜輯，為《補遺》一卷，附之於後焉。

《四庫全書總目》同名提要云：

> 《宋景文集》六十二卷《補遺》二卷《附錄》一卷（永樂大典本），宋宋祁撰。據本傳稱集百卷。《藝文志》則稱百五十卷，又有《濡削》一卷、《刀筆集》二十卷。已與本傳不符。馬端臨《通考》亦稱百五十卷。《書錄解題》暨焦竑《經籍志》俱止稱百卷。王偁《東都事略》則文集百卷之外，又有《廣樂記》六十五卷。記載互殊，莫詳孰是。陸遊集載祁詩有《出麾小集》、《西州猥稿》，蜀人任淵曾與黃庭堅、陳無己二家同注。今亦不傳。近人所傳北宋小集中有《西州猥稿》一種，乃從《成都文類》、《瀛奎律髓》、《文翰類選》諸書採輯而成，非其原帙。茲就《永樂大典》所載，匯萃裒次，釐為六十有二卷。又旁採諸書，纂成《補遺》二卷。並以軼聞餘事各為考證，附錄於末。雖未必盡還舊觀，名章巨製，諒可得十之七八矣。祁兄弟俱以文學名，當時號大宋、小宋。今其兄庠遺集已從《永樂大典》採掇成編，祁集亦於蠹蝕之餘得以復見於世。雖其文章足以自傳，實亦幸際聖朝表章遺佚，乃得晦而再顯，同邀乙夜之觀。其遭遇之奇，良非偶然也。

因此，《四庫全書》《永樂大典》輯本主要來自《永樂大典》，但不能說只收了《永樂大典》中的遺文，這也是《四庫全書》最重要的學術文獻價值所在。

因此，《永樂大典》輯本不久是對《永樂大典》一次空前的搶救，更是一場文獻的挖掘與整理，對宋代文獻的傳承輝耀古今。

特別值得指出的是，《四庫全書》雖然在乾隆三十七年文淵閣抄成，一般而言，《永樂大典》輯本工作已經告一段落。但比勘文津閣《四庫全書》後發現，文津閣《四庫全書》《永樂大典》本就有比文淵閣補充完善的地方，說明《永樂大典》輯佚工作一直在完善。

北京大學教授孫欽善論述道：

> 過去我們只知道《四庫全書》各閣本的提要有所不同，閣本提要與《總目》提要又有所不同。至於對各閣本之間內容、文字的不同，只有風聞，而無法實際比勘。文淵閣本影印出版以後，給國家圖書館的專家提供了利用該影印本與本館珍藏的文津閣本比勘的條件，通過對比發現，在集部 1273 種書中，文淵、文津兩閣本存在篇、

卷差異的竟有 788 種之多，占到百分之六十二。《補遺》收錄詩文四千餘篇，全部輯自文津閣《四庫全書》集部書，為文淵閣本所未見。這個數目不能不令人詫異，而且僅限於集部書，可見留下的研究餘地仍很大。

他根據自己的研究，進一步舉列說：

宋庠《元憲集》文津閣本比文淵閣本多出詩 25 首，《全宋詩》以武英殿聚珍版叢書《元憲集》（據四庫本刻）為底本，參校影印文淵閣本，結果因未趕上參考《補遺》，漏掉了文津閣本比文淵閣本多出 25 首中的 15 首（其餘 10 首幸底本有而未漏）。

又如，宋祁的《景文集》六十二卷，輯自《永樂大典》，但文津閣本比文淵閣多出詩文二百餘篇，其中詩 28 首。

由上述可知，文津閣《四庫全書》大典本的版本價值是獨一無二。

當然，《永樂大典》輯本也按乾隆編纂《四庫全書》的方針，循例針對認為有礙之處進行了「加工」，是為學術與政治的歷史衝突。

四、《永樂大典「聚珍」》的出版價值與文化意義

由於《永樂大典》輯錄文獻價值獨一無二，乾隆破例將其中重要的典籍，以刻本的方式傳播。幾乎在《永樂大典》輯成的第一時間即乾隆三十八年，終《四庫全書》館關閉，共將所輯《永樂大典》本以《武英殿聚本版》刊行 22 種（其中易緯八種）。

我們接續當年《武英殿聚珍版》的出版工作。現將《四庫全書》中的大典本，匯為《永樂大典聚珍》，剔除歷代實際有傳本（誤輯）和《武英殿聚珍版》刊刻部分，集合 326 種。定名為《永樂大典「聚珍」》。

《永樂大典「聚珍」》是《永樂大典》唯一傳承文獻！它的出版將使得《永樂大典》獲得部分重生！

《四庫全書》的版本價值，更表現在眾多的據《永樂大典》輯本書上。《四庫全書》編纂之時，《永樂大典》尚大體完整，四庫館臣從中輯錄了大量古書，其中絕大多數是佚書。

《永樂大典「聚珍」》是《四庫全書》所存孤本經典！

《永樂大典「聚珍」》是歷史文化研究的唯一來源！

《永樂大典「聚珍」》是最大規模集中重構《永樂大典》的價值與成果！

【附言】因歷經兵燹亂離，以及人事的變遷，《永樂大典》原本乾隆時已殘闕二千四百二十二卷了。自乾隆以後，歷嘉慶道光，外患迭乘，清廷無暇顧及文事。道光八年，錢儀吉曾一度奏請重輯《永樂大典》未錄之書，未有結論。光緒年間重修翰林院，移度《永樂大典》，為數已不及五千冊。八國聯軍攻陷北京，翰林院所存《永樂大典》最後一次被摧殘殆盡。所燼餘者，後又多散國外。

目前在全球存世的《永樂大典》，已知《永樂大典》共有400多冊及部分零冊存世，與全本11095冊相比，現存不到4%。這些零冊收藏在8個國家和地區30多個公私藏家手中，中國（含臺灣地區）僅有一半多一點。

就公布的《永樂大典》存本，《四庫全書》輯《永樂大典》本內容幾乎無所尋蹤！

【注】《永樂大典「聚珍」》出版前言初稿由盧仁龍先生起草，由我補充完善。應邀充任《永樂大典「聚珍」》主編，故以此作為「投名狀」。司馬朝軍記。

【附錄】《永樂大典「聚珍」》簡介

《永樂大典》是中國古代最大的類書，也是明代文化的標誌。《四庫全書》是中國古代最大的叢書，也是清代文化的標誌。

乾隆帝破例將從《永樂大典》中輯錄的要籍以《武英殿聚珍版本叢書》刊行。我們接續此項出版工作，將《四庫全書》中的大典本匯為一編，共計326種，定名為《永樂大典「聚珍」叢書》。

該叢書的出版將最大規模集中重構《永樂大典》，彰顯其獨特的學術價值，也可使《四庫全書》的精華得到集中體現，有利於弘揚優秀的傳統文化。

【注】準確的名字應該叫做《永樂大典本叢書》或《永樂大典本彙編》。

四庫學研究的戰略思考（增訂版）

司馬朝軍

　　20 世紀是四庫學由濫觴到蓬勃發展的重要時期。這一時期，雖然文淵閣《四庫全書》在 80 年代後期影印出版，而文溯、文津和文瀾四閣珍藏的《四庫全書》尚藏在深閣人未識，但憑藉幾代學者的不懈努力，在《四庫提要》的訂誤補遺和四庫學的各個研究領域，仍然取得了令人矚目的成績。此為人所共知，無庸贅述。

　　近二十年來，四庫出版熱持續升溫，1997 年齊魯書社出版《四庫全書存目叢書》，2000 年北京出版社出版《四庫禁燬書叢刊》、《四庫未收書輯刊》，2002 年上海古籍出版社推出《續修四庫全書》，2003 年上海古籍出版社重印文淵閣《四庫全書》，2004 年鷺江出版社出版文淵閣《四庫全書》線裝影印本，同年商務印書館開始影印文津閣《四庫全書》，杭州出版社也正在積極準備實施文瀾閣《四庫全書》的全部影印，甘肅方面也將影印文溯閣《四庫全書》提上了議事日程。2005 年出臺的甘肅省「十一五」規劃的文化建設工程中，文溯閣《四庫全書》出版影印項目被列在第一項，並積極實施文溯閣《四庫全書》數字化工程。

　　「出版熱」引發了「研究熱」，人們對四庫學的研究開始自覺地上升到了建立新學科的高度，「四庫學」、「四庫全書學」、「四庫全書總目學」等概念逐漸被提出來，《四庫提要訂誤》（增訂版）、《四庫全書總目辨誤》、《四庫全書總目研究》、《四庫全書總目編纂考》、《四庫禁燬書研究》、《文瀾閣與四庫全書》、《四庫存目標注》、《四庫全書館研究》、《〈四庫全書總目〉的官學約束與學術缺失》等專著紛紛出版。2008 年春，筆者曾在北京大學發表「宣言」，談了自己的幾點看法。有些已經引起有關方面的注意，如重建四庫館一事，

在著名出版人盧仁龍先生的推動下，北京文物局在萬壽寺萬壽閣一度建立了「四庫全書新館」（現在已經歇菜），著名作家、學者何香久先生也在滄州創建了「四庫全書新館」（此館生意興隆，方興未艾）。

四庫學當前還有哪些工作需要進行，關係到四庫學如何繼續發展，自然成為學者關心的重大問題。對此，筆者冒昧獻芹，談幾點想法，敬請行家教正。

一、《四庫全書》宜校讎完善

毋庸諱言，《四庫全書》因為任意篡改歷史文獻而備受學人詬病。《四庫全書》不是善本，自問世以來，不為學界主流人士所重視。魯迅先生更是一針見血地指出：「清朝的考據家有人說過，『明人好刻古書而古書亡』，因為他們妄行校改。我以為這之後，則清人纂修《四庫全書》而古書亡，因為他們變亂舊式，刪改原文；今人標點古書而古書亡，因為他們亂點一通，佛頭著糞：這是古書的水火兵蟲以外的三大厄。」因為魯迅的特殊政治地位，他的這種極為偏激的論調長期處於話語霸權地位，更加強化了人們對《四庫全書》的不信任感。

與此同時，我們也注意到，還有一種微弱的聲音。現代著名藏書家倫明先生大約在一九二一年底、一九二二年初致函陳垣稱：

> （二）為校讎《四庫全書》也。前此曾有刊印《四庫》之議，但此書之訛脫，觸目而是，若任刊布，貽笑外人（前日本人某曾著論言之）。且傳佈此訛脫不完善之本亦奚取乎？但此書博大，校讎不易。現在教部人員極冗，一時諒難裁撤。其中文理清通者當不乏人，與其畫諾而無所事事，何如移一部分之人以校此書。且館中人員亦不少，若去其素餐者以置清通之人，不一二年，此書便可校完。在國家不費分文而成此大業，何快如之。至校書之法，則宜將內務部新得之《四庫》或再借用文淵閣之《四庫》，至各書之有刻本者亦居大多數，皆可取資也。

此議雖善，未見實現。倫明當時雖以藏書聞名，又有「廣東通儒」之稱，但畢竟人微言輕。當然，倫明的提議也未能準確地估計校勘《四庫全書》的難度，以為「不一二年，此書便可校完」，又稱「在國家不費分文而成此大業」，均是紙上談兵。一部如此巨大的叢書，其中的問題又是如此的複雜，

在國家不費分文的前提下，在如此短的時間內是無法完成校勘大業的。陳垣雖居高位，領袖群倫，時人稱他為中國的桑原騭藏；伯希和認為只有陳垣與王國維才稱得上「近代中國之世界學者」。尹炎武來函稱：「勔堂謂勵耘手有爐錘，眼似岩電，筆端詼詭，時令人忍俊不禁。考據之業，到此境界，真神乎其技，空前絕後也，豈特當世無兩哉！」即使這樣一位重量級學者，當時也無力回天。但陳垣畢竟是當時最熟悉《四庫全書》的人，就連余嘉錫也要向他請教。他曾經費十年之力清點文津閣《四庫全書》，編輯多種四庫學論著，且精心校勘四庫本《舊五代史》，撰成《舊五代史輯本發覆》。其子陳樂素幹父之蠱，亦以史學名家。他在《陳垣同志的史學研究》一文中指出：「他（指陳垣學生——引者注）運用校勘學方法考察古籍的又一成果，是 1937年寫成的《舊五代史輯本發覆》。薛居正等編的《五代史》，因後出的歐陽修的《五代史記》而被稱為『舊五代史』，而且逐漸被埋沒不見用；元、明以後，更少流傳。清乾隆年間開四庫全書館，館臣從《永樂大典》中輯出《薛史》，詔頒布於學官。但當時四庫館臣為避免政治上的嫌忌，將《薛史》原文中虜、戎、胡、夷、狄、蕃酋、偽等字眼，儘量改竄，失去了《薛史》的本來面目。陳垣同志根據《冊府元龜》、《歐史》、《資治通鑒》等書，把輯本《薛史》中改竄的字句校勘出來，恢復它本來面目，並指出當日館臣之所以改竄《薛史》原文，實際是不滿於清朝的統治。這就不僅限於校勘，而且表彰了當日館臣的政治態度。」傅增湘序云：「凡有清一代敕編之籍，官撰之書，皆可遵循此例，窺尋筆削之旨，以揭其縛束鈐制之威。是援庵此作，寧獨為《薛史》發其覆乎？」陳垣的學術秘書劉乃和亦云：「他寫《舊五代史輯本發覆》一書時，搜集資料、例證極多，稿本有三尺多厚，但他刪繁去複，僅存一百九十四條，文章寫成只有二萬多字。用舉例的辦法，總結出幾類問題。他說老輩著書，常有本人刪不用的材料，後輩不知，得到幾條資料，反以為是新發現，拿來寫『某某書補』，又把作者原已刪去的材料給補上，就大可不必了。」

　　薪盡火傳。陳垣嫡孫陳智超承繼祖業，仿《舊五代史輯本發覆》而作《四庫本續資治通鑒長編發覆》，他以五朝本校四庫本，考察四庫館臣的竄改情況，有兩點發現：一是改譯遼、西夏等人名、地名、官名。二是因忌諱而竄改。四庫館臣忌諱甚多，如忌「虜」、忌「胡」、忌「狄」、忌「戎」、忌「夷」、忌「寇」、忌「夷狄」、忌「戎狄」、忌「犬戎」、忌「蠻夷」、忌「戎虜」、忌

「腥膻」。其中最忌者為「虜」。其結論為：「四庫館臣對夷、狄等字有改有不改，四庫各本所改也不完全一致，說明這確實不是當時清朝的規定，而是四庫館臣之間的默契。對宋人指斥遼人處特別敏感，說明館臣心目中的清朝同遼朝一樣，即都是起自東北而入主中原。冒著大不敬的罪名而把此等字改換，曲折地反映了當時清朝思想控制之嚴厲以及四庫館臣在清朝高壓統治下的不滿情緒。」繼而又作《四庫本建炎以來繫年要錄發覆》，其結論之一為：「《要錄》既然是研究宋代（特別是高宗一朝三十六年）的基本史料之一，而四庫館臣的竄改所涉及的又是當時至關重要的宋金關係問題，因此很有必要恢復其本來面目。」陳氏祖孫篳路藍縷，功不可沒。遺憾的是，很少有人再繼續以「陳門家法」校勘「四庫本」。

近年隨著《文淵閣四庫全書電子版》的問世，「四庫本」的引用得到很大的改觀，可以說是從無人問津到鋪天蓋地地徵用。許多治學嚴謹的老先生公開發布戒律——「除了只有四庫特有的部分外，一律不得輕易徵引『四庫本』！」當今學界人士在古籍整理與研究中，一般也繞道而行，將「四庫本」排除在外。凡此種種，未免因噎廢食，但治標不治本，不能從根本上解決問題。如何才能改變此種局面，變廢為寶呢？我想，唯一的辦法就是聯合全國古籍整理研究的力量，全面校勘《四庫全書》，使之成為善本，將此鈍器改造為治學的利器。倫明先生確有先見之明，不愧為「一代通儒」，九十年前即有此倡議，可惜他生不逢時，無力成此偉業。當然，茲事體大，亦決非一人之力所能勝任。

我們不妨打個不太恰當的比方——《四庫全書》好比一棟「爛尾樓」，毛坯已成，未能裝修。同時也是前人賜給我們的機遇！機不可失，失不再來。如果我們不急起直追，很可能會被日本人或其他國家的人搶先去做。尤其是日本學者，他們向來長於資料排比，製做了大量精良的資料書，他們一旦對代表中國文化的《四庫全書》發生興趣，恐怕國人難以與之爭鋒。大家只要看看敦煌學的研究歷史——日本一些學者一度狂妄地宣稱：「敦煌在中國，敦煌學在日本。」——就可以推知一二。二十年前，長期在臺北故宮博物院守護文淵閣《四庫全書》的吳哲夫先生，在復旦大學的一次演講中就談到了《四庫全書》的校勘問題，不過他當時只是泛泛而談，還沒有提到戰略的高度。現在，我們再次倡議——設立國家級專項基金或重大項目，作為一項戰略任務，組織全國各相關研究人員集體攻關。校讎四庫，功在文化。我們不能讓

陳垣一門專美，更不能讓洋人搶先！為了盡快形成統一的四庫學研究共同體，當代的四庫學研究者應該迅速聯合起來！

二、《四庫提要》宜精校精注

　　《四庫全書總目》（簡稱《四庫提要》）是《四庫全書》的副產品，是中國古典目錄的典範之作，也是中國學術文化史上的經典之作。自它問世之日起，就對中國學術產生了重大的影響，成為讀書治學的必備工具書。

　　《四庫全書總目》一書，以前通行的版本主要有殿本和浙本。殿本即武英殿聚珍本，乾隆六十年（1795）刊行。浙本也刊行於此年，由浙江布政使謝啟昆刊刻。兩本的差異和優劣，已有許多學者作過研究，兩本間並無因襲關係。浙本依據杭州所存文瀾閣本印行，校勘認真，能夠保持四庫館寫定時的面貌。殿本由於以內府名義刊刻，付印前做了較多的加工，刪削了一些評語偏激的內容，也刪除了一些語涉禁忌的文字，同時覆核引文，潤飾行文，另成面貌。中華書局1965年影印本所據為浙本，1997年整理本則以殿本為底本，各有取資的理由，不可偏廢。現在文淵閣本和文津閣本《四庫全書》都已影印出版，二本書前提要都得以面世，文溯閣本提要也有金毓黻印本通行。

　　復旦大學中文系教授陳尚君先生在其《四庫提要精讀·導言》中指出：「今後如果有人將現存各家分纂稿、各本《總目》及書前提要會校成書，當可以為最好的文本。」

　　這與筆者的想法可謂不謀而合。我自大學本科階段就開始暗中摸索四庫，1998年秋天考上博士之後，在業師曹之先生的精心指導下，正式向《四庫提要》宣戰，計劃系統全面地研究《四庫提要》，當時準備分三步走：第一步，完成博士論文，做《四庫提要》的總體研究，包括文獻學研究與思想傾向研究；第二部，做《四庫提要》的系列專題研究，包括做《四庫提要》的編纂研究、版本研究及文獻學專題研究；第三部，做《四庫提要》的文本校勘與注釋，包括現存四庫分纂提要稿、各本《總目》、各閣書前提要、《薈要提要》、《簡目》，並充分吸收所有考辨成果（如胡玉縉、余嘉錫、李裕民等人的專書與其他相關論文），進而發掘清代學者的零星成果，並下己見。2004年武漢大學批准了我的計劃，正式將《四庫全書總目匯考》列入校級重大項目。我於2008年推出了《四庫全書總目精華錄》一書，即是該項目的前期成果。近年來我前後主持了十多項科研項目，不斷有其他事情捲進來，沒有全力以赴，影響了研究進度，今後當再接再厲，完成這一重大戰略任務。

我們也注意到，學界還有好幾家也在做這個項目。如臺北「中央」研究院文哲所林慶彰先生 2011 年 6 月親口告訴我，他們已將有關《四庫提要》的文獻彙編成「叢書」，即將出版。甘肅省圖書館館現在對《文溯閣四庫全書提要》進行點校出版的項目，將充分吸收一百多年來學者對《四庫全書》的研究成果，並以《四庫全書總目》以及文淵閣、文津閣、文溯閣庫本提要和提要稿本，對其進行校勘，比較異同。盧仁龍先生也正在做文津閣本《四庫提要》的整理。臺北、河北、南京等地據說都有人在做類似的項目。又聞上海古籍出版社也將推出一個「會校本」。既然在此「一畝三分地」裏出現了如此熱鬧的競爭場面，我們也只好奉陪到底，盡力做出特色，做成精品。

三、四庫學研究力量宜整合為一

「四庫學」一詞，在 20 世紀 80 年代初期才正式由昌彼得、劉兆祐等先生提出來。著名版本目錄學家、臺灣故宮博物院副院長昌彼得先生在《「四庫學」的展望》中說：「『四庫學』名稱，我不知何時始見於文獻。1983 年臺灣計劃影印文淵閣四庫時，我寫了一篇《影印四庫的意義》一文中，即標出了『四庫學』一辭。」同年 7 月，時任臺灣東吳大學中文研究所所長劉兆祐發表了題為《民國以來的四庫學》的文章，文中說：「到了民國，從事《四庫全書》有關問題研究的風氣很盛，所涉及的範圍也很廣……為了使這門研究工作，成為有系統的學識，我稱之『四庫學』。」1998 年，臺灣淡江大學舉辦「首屆四庫學研討會」。近 30 年來，尤其是近十年來，進入到四庫學陣地的人越來越多，可以說是從四面八方湧向這一領地，既有研究文學的，也有研究史學的，還有研究哲學的，甚至還有研究科學技術史的。

1993 年，海南大學舉辦「中國首屆《四庫全書》研討會」，並成立了「海南大學《四庫全書》研究中心」。正如周積明教授指出的：「『中心』的成立與『學術研討會』的召開本來是大陸『四庫學』集結力量和深化研究的契機，但『中心』宣布成立以後，基本上是偃旗息鼓，未見後續舉措，頗為令人遺憾。」

2003 年，首都師範大學「《四庫全書》學術研究中心」成立，由寧可教授擔任中心主任，傅璇琮先生任學術委員會主席，傅璇琮、孫欽善、陳祖武、詹福瑞、李致忠、楊忠、周少川、黃愛平、盧仁龍等人為首批學術委員。據盧仁龍先生介紹，該「中心」宣布成立以後，基本上也是偃旗息鼓。

2004 年，武漢大學「四庫學研究所」成立，2011 年更名為「四庫學研究

中心」，由司馬朝軍擔任負責人。本中心自成立以來，開展了系列科研項目的研究，也取得了系列研究成果，多次獲得國家級項目和學術獎勵。

2005 年 7 月，甘肅省《四庫全書》研究會成立，甘肅省圖書館館長郭向東擔任會長。2011 年換屆，郭向東館長繼續擔任第二屆會長，甘肅省圖書館易雪梅研究員、蘭州大學敦煌學研究所所長鄭炳林教授、蘭州大學歷史文化學院伏俊璉教授、西北師範大學敦煌學研究所李並成教授、甘肅省古籍編譯中心主任高國祥為副會長。甘肅省圖書館在「文溯閣《四庫全書》藏書樓」落成啟用之機，在蘭州舉辦了海峽兩岸「四庫學」專家參加的《四庫全書》討論會，會後出版了論文集。甘肅省圖將有序啟動文溯閣《四庫全書》藏書館對公眾全面開放，打造甘肅文化旅遊新地標。利用現代科技手段，逐步實現文溯閣《四庫全書》藏書館多維展示的全面數字化，方便遊客通過網絡領略其全貌。同時，編輯出版《文溯閣〈四庫全書〉書前提要》等系列成果。

隨著這些研究機構的成立與學術影響的擴大，越來越多的學者投身於《四庫全書》的研究。為了使《四庫全節》的研究在全國範圍內有計劃、有重點地進行，更好地開展各項學術活動、更有利地利用各種社會資源，學術機構和學者之間的聯繫和交流就顯得越來越重要，越來越迫切。因此，有必要建立海內外四庫學者知四庫研究機構之間的溝通。為了整合研究力量，加強學術交流，我們應該盡快成立「中國四庫學研究會」，搭建一個全國性的學術研究平臺。

四、四庫學之學術史宜系統清理

現在強調學術要與國際接軌，因而學術史的清理十分重要。20 世紀結束之際，很多學科都對本領域的學術史進行了系統的清理。譬如：英年早逝的沈頌金對簡帛學的學術史所做的清理，全面系統，受到學界的讚賞。戴逸先生主編的《二十世紀中華學案》（北京圖書館出版社，2002 年），對二十世紀的學術史所做的清理，範圍較廣，系統較強，也受到學界的好評。陳文新教授正在主編百卷本《20 世紀中國學術檔案》，規模宏大，體例新穎，值得期待。而從四庫學來說，學術史的清理卻做得還很不夠。

儘管「四庫學」一詞出現較晚，其實，關於四庫學的研究可以一直追溯到《四庫全書》編纂之時。近三十年來，學界關於四庫學的學術史研究方面已經出現了一些論著，主要有下列文章：

1983 年，劉兆祐先生撰《民國以來的四庫學》，發表於《漢學研究通訊》第 2 卷第 3 期之上，文雖過於簡略，但「四庫學」的意識還是比較顯豁的。

　　1994 年，楊晉龍先生總結既往研究的得失，歸納前人研究四庫學存在的十大問題，即促成編纂、思想歸屬、《總目》名稱、刻本抄本、成書時間、編纂動機、內容刪改、文字獄關聯、學術影響、價值評量，主張改變「先人為主」、「輕信權威」、「規過前人」的研究態度，採用新的研究方式，直接從《全書》和《總目》內容的「瞭解」上著手，放棄政治史的研究觀點，改從文化史的角度進行研究。

　　2000 年，周積明教授將「四庫學」史大致可以分為三個階段。第一階段：乾嘉之際至光宣年間，以《禁書目合刻》、《四庫全書簡明目錄標注》與《邵亭知見傳本書目》為代表。第二階段：民國年間（1911～1949），其標誌有三：其一，一大批著名學者參人《四庫全書》以及相關書籍的研究，從而推動「四庫學」形成一種規模；其二，產生了本門學科的「典範」著作：《四庫全書考異》、《四庫提要辯證》、《四庫全書總目提要補正》；其三，「四庫學」的研究領域不斷開拓，形成不同方向。第三階段：1949 年至今。對四庫學史作了粗線條的勾勒，對四庫學的研究範圍和研究內容提出了自己的看見，提出了四庫學研究的三種類型，即四庫學的文獻研究、史學研究和文化研究，主張在實證研究、文獻研究的同時，強化文化研究，倡導從宏觀視野去思考問題、開掘課題。

　　2002 年，崔富章教授指出了 20 世紀的四庫學研究存在的種種誤區。

　　2004 年，陳仕華教授對於臺灣 50 年來的四庫學研究進行了總結，提出了獨到的見解，即以四庫學作為研究清代文化、學術史的基礎；借由纂修研究，瞭解其組織、管理、徵集、採錄，作為編纂大型圖書的經驗；研究《四庫提要》之義例，提倡「提要學」；研究《四庫提要》內在之文化意涵，可作為清代學術文化之依據。同時，他也注意到《四庫提要》的彙集整理問題。

　　2005 年，王世偉教授發表了《關於近年來《四庫全書》研究的若干問題》，他將 20 世紀 80 年代初以來的《四庫全書》研究的主要領域和問題歸納為八個方面：《四庫全書總目》研究、《四庫全書》的地方文獻研究、《四庫全書》的校勘與考證、《四庫全書》纂修研究、《四庫全書》的人物研究、《四庫全書》所收專門文獻研究、《四庫全書》的專題研究、《四庫全書》的現代化研究。他認為，研究方法中的史料整理、比較研究、歸納演繹等是其中的一些有特點的研究方法。

　　2007 年，筆者發表《近十年四庫學研究綜述》，回顧 1995 年至 2005 年四

庫學研究所取得的重要成績，評述其成敗得失。

　　2008 年，陳曉華編寫的《「四庫總目學」史》，是她在博士學位論文的基礎上修改而成的。原稿多為滯後之論。書稿較論文稿作了一些修補，但是對《四庫總目》的學術史所做的清理，範圍較狹，系統較弱，對材料的發掘不夠深入，仍然沒有進行系統清理，既沒有分析清成敗得失，也沒有指明今後努力的方向。全書結構不合理，如第二章為《四庫全書總目》之補撰，第三章為《四庫全書總目》之續編，皆是離題之言，未免節外生枝。其持論亦欠公允。

　　近年來，學界一直有人在做四庫學的學術史的梳理工作，但還不系統，不完善。例如，余嘉錫先生以《四庫提要辯證》一書成為了四庫學的示範之作，功不可沒。但他的所謂乾嘉諸儒對《四庫提要》「不敢置一詞」的說法是極不準確的。不無遺憾的是，很多人迷信此種似是而非的說法。此說遮蔽了一段學術史的真相。其實，從乾嘉至晚清這段時間，許多學者都對四庫學展開了研究，其成果散見於各種文集、筆記、書目、日記之中，可惜這部分材料發掘不夠，這段學術史至今還是模糊不清的。近年我們就發現了大量不為人注意的史料，將以系列論文的形式逐步推出。

　　正是由於四庫學的學術史的清理做得很不夠，導致原創性研究日益減少，重複性研究日益增多。這種重複性研究主要表現為：

　　不知前人已有研究，而以為是自我作古，由己原創。這種重複性研究最受國外學者詬病。例如，《四庫提要》的辨偽成就，自張之洞、梁啟超等人就注意到了，而張心澂《偽書通考》更是充量吸收了這些成果。張心澂狡獪的手法矇騙了中外學人，對後來者也不無干擾。筆者經過仔細比勘，才勘破此重公案，詳細結果已經收到我的論文集《文獻辨偽學研究》之中。這本書集早已於 2008 年 6 月由武漢大學出版社公開出版，而有人在 2010 年提交的博士學位論文《清代文獻辨偽學研究》居然大言不慚地宣稱這是他的「原創」！該篇論文自始至終沒有提到《文獻辨偽學研究》，彷彿根本不存在一樣。如此閉門造車，真不知學問是怎麼做成的？如果他真的沒有看到，說明他孤陋寡聞到了怎樣的程度。這在信息時代是不能容忍的！只要在網上搜索「文獻辨偽學」，自然會搜到我的書！筆者的《四庫全書總目研究》於 2001 年通過博士論文答辯，經修改後又於 2004 年公開出版。在出版後，其中的很多章節，居然被一些博士或碩士學位論文巧取豪奪、瓜分豆剖！筆者的另外一部書《四

庫全書總目編纂考》的部分內容也為某些「博士生」「卷我屋上三重茅」，「公然抱茅入林去」！筆者前些年發現的張羲年的提要稿，早已刊佈在《圖書與情報》雜誌上，幾年之後竟然又被人當作他們的「新發現」刊登在另外一家圖書館學的雜誌上。《〈翁方綱纂四庫提要稿〉「不應存目」書籍之標準淺論》《從〈翁方綱纂四庫提要稿〉看「不應存目」書籍之標準》等文與筆者的相關文章也沒有釐清界線。這種奇怪的現象值得警惕啊！

為此，我以為，對於四庫學的學術史的清理，我們應該予以高度重視。如果無法組織專門力量，也應委託某個機構，進行這項工作。一方面對以往研究成果進行系統總結，編纂完備的「研究目錄索引」和「研究概覽」；另外一方面，對未來的成果也要定期總結，待條件成熟時最好辦一份《四庫學研究年鑒》。只有對四庫學的學術史進行全面系統的清理，才能保證四庫學朝著健康穩定的方向發展。

五、《四庫全書》宜轉換編纂模式

眾所周知，《四庫全書》並非全書，而是一部「殘書」。《四庫全書存目叢書》正續編的出版，《續修四庫全書》的推出，使「殘書」變「全書」邁出了一大步。北京出版社出版的《四庫禁燬書叢刊》《四庫未收書輯刊》也可以視為《四庫全書》的擴展與延伸。

以上各種出版策劃都是「借殼上市」「借船出海」，都是借助「四庫」這一會下金蛋的鵝謀取暴利。毋庸諱言，他們在傳播四庫文化方面起到了一定的作用，但主要還是盈利為主，因為他們沒有絲毫改變《四庫全書》原來的編纂模式，只是簡單地影印出版而已。

《四庫全書》原來的編纂模式就是「欽定模式」，具體而言，就是在乾隆皇帝的親自監督下，對於 18 世紀以前的傳世文獻進行了一次系統清理，企圖將所有不利於滿族的歷史文獻一網打盡，清而除之，禁而毀之，不動聲色地將負面信息格式化。「欽定模式」的拍板權最終掌握在乾隆帝自己手中，紀昀、陸錫熊以下所有參編人員不過是跑龍套的。

《四庫全書》被乾隆帝帶到溝裏去了，加上原來的那套官修圖書的「欽定模式」效率低下，質量低劣，錯誤無數，被證明是死路一條。若採用現行企業招標的項目模式也難以完成，一是項目在時間方面有限制，二是限制超大規模的項目，三是資金方面力度不夠，四是在體制內難以組建團隊，五是要花費大

量時間去應付各種無聊的檢查。

今後的編纂模式應該改為「民營模式」，由一個強大的編修團隊引導數以千計的志願者共同參與，採取比較靈活務實的原則，傳統治學方式與現代技術手段相結合，並行不悖，相得益彰。

六、《四庫全書》宜轉換理論模式

四庫學研究比較盛行的一直是考據模式，它對於四庫學的推進功不可沒，但畢竟缺少理論色彩。郭伯恭、楊家駱的模式各有利弊，效法前者較多，亦步亦趨，依樣畫瓢，似乎積薪，未必是後來居上；效法後者較少，楊家駱的模式可謂曲高和寡，暗而不彰。文化模式一度令人耳目一新，以周積明教授的《文化視野下的四庫全書總目》為代表，但此模式後勁不足，沒有持續跟進。

四庫學研究如何轉換理論模式？這是一個大問題，且關係到四庫學的生死存亡。

下面我們以「四庫＋X」的方式擴展一下論域：

（一）四庫＋學科

四庫＋文獻學＝四庫文獻學

四庫＋文藝學＝四庫文藝學

四庫＋設計學＝四庫設計學

四庫＋傳播學＝四庫傳播學

四庫＋文化學＝四庫文化學

四庫＋知識學＝四庫知識學

四庫＋社會學＝四庫社會學

…………

現代學科制度下知識的生產方式發生了很大的改觀。新舊知識體系的碰撞會產生無數的思想火花，形成新的思想結晶，進而形成新的學科分支。

（二）四庫＋理論

四庫＋系統論＝四庫系統論

四庫＋控制論＝四庫控制論

四庫＋信息論＝四庫信息論

四庫＋結構論＝四庫結構論

四庫＋協同論＝四庫協同論

四庫＋突變論＝四庫突變論（？）

‧‧‧‧‧‧‧‧‧‧‧

新的理論如同強大的光柱，可以照亮舊知識體系的深邃之徑。曾幾何時，老三論、新三論曾經捲起千堆雪，引無數英雄竟折腰，可惜當時《四庫全書》還沒有影印出版，學術界還無法把這些理論搬進到四庫學的領域。現在老三論也好，新三論也罷，似乎不再時髦，誠所謂理論是灰色的，而生命之樹常青。我斗膽地說，這些理論仍然可以引進到四庫學的領域之中。理論聯繫實際，各種西學理論都可以聯繫四庫之實際，我們要大膽嘗試，打開一道道的門，放出一道道的光。

（三）四庫＋方法

四庫＋詮釋＝四庫詮釋學

四庫＋考據＝四庫考據學

四庫＋辨偽＝四庫辨偽學

四庫＋關鍵詞＝四庫關鍵詞研究

‧‧‧‧‧‧‧‧‧‧‧

考據、辨偽是國學固有之方法，詮釋學是化理論為方法，關鍵詞研究是文化史研究方法。無論舊方法，還是新方法，都可以運用於四庫學研究。黃侃曾經反對使用新方法，這是抱殘守缺，難以融會貫通。惟有會通中西，才能打通四庫。

（四）四庫＋視角

四庫＋文化遺產

四庫＋文化原典

四庫＋文化品牌

四庫＋文化記憶

‧‧‧‧‧‧‧‧‧‧‧

新的視角往往會得出新的結論。例如，何宗美教授的《〈四庫全書〉申遺芻想與研究前瞻》就是以文化遺產的視角切入，得出如下結論：「作為文化遺產的《四庫全書》在文物一項至少包括纂修文物和書籍文物兩類。這兩類又由數量龐大、內容豐富的書籍及相關文物構成，堪稱多姿多彩。現存文淵閣等，作為清代皇家藏書樓即中國古代國家藏書樓的標誌性建築，具有重要的文化遺產價值。歷盡滄桑而幸存下來的《四庫全書》及其藏書樓，其重大意義不僅

在於見證了一部偉大書籍的命運史，而且見證了一個偉大民族的命運史，同時還說明中華民族不僅是一個能夠創造輝煌文化的偉大民族，而且是一個不惜一切代價保護文化遺產的偉大民族。把《四庫全書》當作文物、當作文化遺產嘗試對它的重新定位，則將帶來《四庫全書》及其研究的一個新時代。」（詳見《河北大學學報》2020 年第 1 期）

　　假如我們繼續從文化品牌、文化記憶等視角切入，打開新的思路，我們完全可以嘗試出許多的新路子。未來的四庫學家，請你們大膽思考，勇於突破，不妨嘗試用各種各樣的理論鑰匙，八仙過海，各顯神通，摸索出新的路徑。

七、《四庫全書》宜先修覆核心區

　　《四庫全書》核心區是什麼？就是「永樂大典本」。《四庫全書》的編纂當初就與利用《永樂大典》密切相關。

　　宜先修復這一核心區。我們正在進行這個工作，具體情況請參考拙文《〈永樂大典「聚珍」〉出版前言》。

八、《四庫學大辭典》宜重新編纂

　　如何重新裝修好《四庫全書》這棟「爛尾樓」？這是乾隆大帝遺留的歷史難題———一個無法繞開的天坑，姑且稱之為「乾隆陷阱」。我們不妨另闢蹊徑，以「大辭典」的形式編纂一部別樣的「四庫全書」。

　　楊家駱先生、李學勤先生都編纂過四庫學方面的辭典———《四庫全書學典》《四庫大辭典》，各領風騷數十年，至今已覺不新鮮，需要另起爐灶，重新編輯。

　　如何重新編纂《四庫學大辭典》？這個問題我們擬專題討論，茲不贅述。

九、《四庫全書》宜在洛陽建第八閣———文正閣

　　洛陽處於「天下之中」，是河洛文化的發祥地，也是中國文化的發源地。自中國的第一個王朝夏朝開始，先後有商、西周、東周、東漢、曹魏、西晉、北魏、隋、唐、後梁、後唐、後晉等十三個朝代在此建都，近代的學者認為通過對史書記載和考古發現的研究，洛陽應該是十五朝古都，在十三朝的基礎之上，再加上西漢和武周兩個朝代。

　　中華文化的原典多與洛陽密切收關，已經有不少專家論及此題。

　　中華古代風流人物多與洛陽密切收關，或生於斯長於斯，或客居於斯，多

多少少留下了寶貴的精神財富。

　　先祖溫公《過故洛陽城》詩云：「四合連山繚繞青，三川蕩漾白浪明。春風不識興亡事，草色年年滿老城。煙悉雨嘯黍華生，宮闕簪裳舊帝京。若問古今興廢事，請君只看洛陽城。」洛陽親友如相問，一片冰心在玉壺。獨樂之樂究何如，千年古城早無語。

　　「若問古今興廢事，請君只看洛陽城。」洛陽不僅要保護好前人留下的文化遺址（如獨樂園之類），更應該建設具有象徵中華文化的地標式官方藏書樓。乾隆皇帝當年建立四庫七閣，「北四閣」皆為皇家宮闕或者行宮，「南三閣」亦為皇家行宮，而忘記了文化古都洛陽，未免遺珠之憾。因此，現在應該在洛陽建立四庫之第八閣，最好是以「文正閣」命名，一則紀念偉大的歷史文化巨人——北宋文正公、歷史學家司馬光，二來彰顯中華文脈之正宗。從河圖洛書到河洛文化再到《河洛文庫》，這才是中華文脈之正宗！

　　河圖洛書，文化肇興。天下之中，文化復興。鑒古通今，守正出新。任重道遠，絕學傳薪。

目錄版本校勘

上海歷代類書存目

戴建國、王月

類書是中國古代重要的一種圖書形式。第一種私撰類書為上海文人陸機編撰的《要覽》。上海歷代類書在類書史中究竟佔有多大的份量，必然將會引起人們的關注，但是我們首先得需要確切知曉上海歷代類書存目。整理上海歷代類書存目，從現存的上海府縣舊志出發為妥。上海古籍出版社 2009～2015年相繼出版的《上海府縣舊志叢書》，將舊志進行了重新排版，並經過了今人的校點，以便於人們使用；不過，該叢書少收了《同治上海縣志札記補》一種（該書為稿本，國家博物館有藏）。經整理發現，現存上海府縣舊志共 68 種，這裡不包括專門志。《上海府縣舊志叢書》中輯錄的上海歷代類書共 130 種，從空間分布而言，松江府 38 種，上海縣 14 種，松江縣 22 種，南匯縣 3 種，青浦縣 13 種，川沙縣 5 種，嘉定縣 14 種，寶山縣 3 種，奉賢縣 3 種，金山縣15 種，崇明縣 0 種。松江是上海文化之根，松江歷代類書種數位居上海歷代類書各縣之首。經過爬疏，剔除重複圖書，得出上海歷代類書共 76 種（其目錄，見文後附表 1），從時間分布而言，晉代、唐代、元代各 1 種，明代共 24種，清代共 40 種，民國期間共 9 種；從空間分布而言，一地出現的有 42 種（其中民國期間 9 種均在此），二地出現的有 18 種（其中 17 種為《松江府志》所收錄），三地出現的有 12 種（均為《松江府志》所收錄），四地出現的有 4種（均為《松江府志》《青浦縣志》所收錄）。由於不同的歷史時期發展，上海府縣的歷代屬縣區域都會出現一定的調整與變遷，因此屬縣編撰類書的實際種數還有待回到著者當時所處的屬縣來進一步核實。

松江府歷代類書 38 種

上海市地方志辦公室、上海市松江區地方志辦公室編《上海府縣舊志叢

書·松江府卷》（上海古籍出版社 2011 年 10 月出版）全十一冊。其中，《（崇禎）松江府志》《（康熙）松江府志》《（嘉慶）松江府志》《（光緒）松江府續志》收錄了類書。

1.《（崇禎）松江府志》有類書 10 種

（明）方岳貢修，（明）陳繼儒纂。是志凡五十八卷。卷五十四為著述，以撰者時代為次輯錄。經整理發現，輯錄類書 10 種：《小名錄》《韻府群玉綴遺》《博文編》《故事先知》《通考意抄》《經史通譜》《三才圖會》《事類異名》《唐匯林》《經史詞林》。

2.《（康熙）松江府志》有類書 12 種

（清）郭廷弼修，（清）周建鼎等纂。是志凡五十四卷。卷五十為藝文，其子部有類書，輯錄《書史會要》《韻府群玉掇遺》《故事先知》《博文編》《通考意抄》《經史通譜》《續書史會要》《三才圖會》《續文獻通考》《古今考》《唐匯林》《事類異名》《何氏類鎔》《經史詞林》《閱古類奇》「右類書凡十有五」〔註 1〕。《書史會要》，在《四庫全書總目》中被列為子部藝術類。同理，《續書史會要》也應被列入子部藝術類。《續文獻通考》，在《四庫全書總目》中被列為存目子部類書類，而在《續修四庫全書》中被置於史部政書類。所以，以上 15 種類書中，應剔除《書史會要》《續書史會要》《續文獻通考》。

3.《（嘉慶）松江府志》有類書 20 種

（清）宋如林等修，（清）孫星衍等纂。是志卷首後有八十四卷。卷七十二至卷七十三為「藝文志」，按照四部分類，其「子部」有「類書類」，輯錄《小名錄》《輟耕錄》《三才圖會》《楚騷綺語》《何氏類鎔》《藝林累》《唐匯林》《閱古類奇》《文奇豹斑》《記事珠》《藝林剩語》《類海》《閱古掄珠》《石樓臆編》《殷氏二十四帖》《藝苑英華》《文獻通考節貫》《希姓匯補》《類腋》《酉山臬》《酉山秌》「右類書類凡二十部」〔註 2〕。其中，校點本中，「《藝林累》百」應為「《藝林累百》」。所謂右類書類凡二十部，實則不然，類書數量經核查後為 21 種。此外，《輟耕錄》在《四庫全書》中被置於子部小說家

〔註 1〕 （清）郭廷弼修，（清）周建鼎等纂，（康熙）松江府志〔Z〕// 上海市地方志辦公室，上海市松江區地方志辦公室編：上海府縣舊志叢書·松江府卷（第五冊），上海：上海古籍出版社，2011：939。

〔註 2〕 （清）宋如林等修，（清）孫星衍等纂，（嘉慶）松江府志〔Z〕// 上海市地方志辦公室，上海市松江區地方志辦公室編：上海府縣舊志叢書·松江府卷（第八冊），上海：上海古籍出版社，2011：1643。

類。所以，以上 21 種類書中，應剔除《輟耕錄》。

4.《（光緒）松江府續志》有類書 11 種

（清）博潤纂修，（清）姚光發、張雲望、仇炳臺總纂。是志卷首後有四十卷。卷三十七為藝文志，按照四部分類，其子部補遺有類書類，輯錄《韻府群玉綴遺》《騷苑補》《姓譜略》《姓譜新編》《典類清英》《子學類要》《續韻府群玉》《事類駢珠》《藝苑擷英》《齊物類鈔》《事類撮要》「右類書類凡十一部」〔註3〕。以上 11 種，均為類書。其中，《藝苑擷英》當為《類苑擷英》。

《上海府縣舊志叢書·松江府卷》所輯錄類書 53 種，刪除其重複者，得到松江府歷代類書共 38 種：唐代 1 種（為《小名錄》），元代 1 種（為《韻府群玉綴遺》），明代 19 種（為《通考意抄》《文奇豹斑》《藝林剩語》《何氏類鎔》《藝林累百》《唐匯林》《博文編》《故事先知》《經史詞林》《類海》《閱古掄珠》《古今考》《三才圖會》《經史通譜》《事類異名》《騷苑補》《記事珠》《閱古類奇》《楚騷綺語》），清代 17 種（為《續韻府群玉》《齊物類鈔》《事類撮要》《姓譜新編》《姓譜略》《典類清英》《類苑擷英》《子學類要》《事類駢珠》《酉山臬》《酉山秫》《類腋》《殷氏二十四帖》《希姓匯補》《藝苑英華》《石樓臆編》《文獻通考節貫》）。

上海縣歷代類書 14 種

上海市地方志辦公室、上海市閔行區地方志辦公室編《上海府縣舊志叢書·上海縣卷》（上海古籍出版社 2015 年 11 月出版）全五冊。未收錄《（同治）上海縣志札記補》（未收「類書」）。其中，《（萬曆）上海縣志》《（嘉慶）上海縣志》《（同治）上海縣志》《（同治）上海縣志札記》收錄了類書。

1.《（萬曆）上海縣志》有類書 1 種

（明）顏洪範修，（明）張之象、黃炎等纂。是志凡十卷。卷十有藝文志，下設書籍不分部，有類書 1 種（為《藝林剩語》）。

2.《（嘉慶）上海縣志》有類書 9 種

（清）王大同等修，（清）李林松纂。是志凡二十卷。卷十八為藝文，分

〔註3〕（清）博潤纂修，（清）姚光發，張雲望，仇炳臺總纂，（光緒）松江府續志〔Z〕// 上海市地方志辦公室，上海市松江區地方志辦公室編：上海府縣舊志叢書·松江府卷（第十冊），上海：上海古籍出版社，2011：999。

四部，子部中類書類，輯錄《續文獻通考》《三才圖會》《楚騷綺語》《類海》《騷苑補》《藝苑英華》《姓譜略》《姓譜新編》《典類清英》《芸窗雜識》「右類書類」〔註4〕。除《續文獻通考》外，上述其他9種應為類書。

3.《（同治）上海縣志》有類書12種

（清）應寶時等修，（清）俞樾、方宗誠等纂。是志卷首後有三十二卷及卷末。卷二十七為藝文，其類書類輯錄《韻府群玉掇遺》《續文獻通考》《古今考》《三才圖會》《楚騷綺語》《類海》《閱古掄珠》《騷苑補》《藝苑英華》《姓譜略》《姓譜新編》《典類清英》《子學類要》《芸窗雜識》。《（同治）上海縣志》比《（嘉慶）上海縣志》類書類多出3種（為《韻府群玉掇遺》《古今考》《閱古掄珠》《子學類要》），而《續文獻通考》不屬於類書類。因而，《（同治）上海縣志》有類書應為12種。

4.《（同治）上海縣志札記》有類書1種

（清）秦榮光撰。是志凡六卷，末附校勘表。卷六有「藝文」，分類輯錄「類書類」1種（為《三才圖會》）。

《上海府縣舊志叢書·上海縣卷》所輯錄類書23種，刪除其重複者，得到上海縣歷代類書共14種：元代1種（為《韻府群玉掇遺》，即《韻府群玉綴遺》），明代7種（為《藝林剩語》《類海》《閱古掄珠》《古今考》《三才圖會》《騷苑補》《楚騷綺語》），清代6種（為《芸窗雜識》《姓譜新編》《姓譜略》《典類清英》《子學類要》《藝苑英華》）。

松江縣歷代類書22種

上海市地方志辦公室、上海市松江區地方志辦公室編《上海府縣舊志叢書·松江縣卷》（上海古籍出版社2011年10月出版）全三冊。其中，《（乾隆）婁縣志》《（乾隆）華亭縣志》《（光緒）重修華亭縣志》《（民國）華婁續志殘稿》收錄了類書。

1.《（乾隆）婁縣志》有類書6種

（清）謝庭薰修，（清）陸錫熊纂。是志卷首後有三十卷。卷十二為「藝文志」，分四部，子部中設類書，以朝代為次，輯錄《說郛》《通考意抄》《經史通

〔註4〕（清）王大同等修，（清）李林松纂，（嘉慶）上海縣志〔Z〕// 上海市地方志辦公室，上海市閔行區地方志辦公室編：上海府縣舊志叢書·上海縣卷，上海：上海古籍出版社，2015：1290。

譜》《唐匯林》《經史詞林》《藝林累百》《文奇豹斑》「右類書凡七部」〔註5〕。《說郛》是叢書，而非類書。上述7種中，除《說郛》外，其他6種均為類書。

2.《(乾隆)華亭縣志》有類書5種

（清）馮鼎高修，（清）王顯曾等纂。是志凡十六卷。卷十五有藝文。藝文分四部，子部中設類書，以朝代為次，輯錄《韻府群玉掇遺》《故事先知》《博文編》《通考意抄》《事類異名》「右類書五部」〔註6〕。以上5種，均為類書。

3.《(光緒)重修華亭縣志》有類書9種

（清）楊開第修，（清）姚光發等纂。是志凡二十四卷及卷末。卷二十為「藝文」「續輯」，「藝文」分四部及「金石」，「子部」中的「類書類」輯錄《博文編》《故事先知》《楚騷綺語》《事類異名》《藝林累》《何氏類鎔》《文奇豹斑》《類腋》《酉山桌》。校點本中，「《藝林累》百」應為「《藝林累百》」。以上9種，均為類書。

4.《(民國)華婁續志殘稿》有類書8種

撰者不署名。是志凡十二志。「藝文志」分為「華亭縣藝文志」「婁縣藝文志」，兩者均分四部及其補遺、考訂。前者子部輯錄「類書類」5種，為《文選碎錦》《文選類句》《文藝雜志》《政府公報分類彙編》《通用酬應全書》；「華亭縣藝文志」在「類書類補遺」中輯錄了類書3種：《典制類林》《詩傳蒙求分韻》《四書三千字文》；後者「子部（補遺）」輯錄「類書類」2種，為《類益》《典制類林》。「子部（考訂）」對《齊物類鈔》撰者作出考辨：

> 《齊物類鈔》《筆耕雜錄》《咫聞暇錄》此三書《婁縣志》、《府續志·藝文》均題曹復元著，考宋《府志·曹復元傳》，子湯鼐著有《筆耕雜志》、《齊物類要》、《咫聞暇錄》諸書，是則此三書均曹湯鼐所著，《婁續志》、《府續志》誤以子書署父名也。〔註7〕

〔註5〕（清）謝庭薰修，（清）陸錫熊纂，（乾隆）婁縣志〔Z〕// 上海市地方志辦公室，上海市松江區地方志辦公室編：上海府縣舊志叢書·松江縣卷，上海：上海古籍出版社，2011：370。

〔註6〕（清）馮鼎高修，（清）王顯曾等纂，（乾隆）華亭縣志〔Z〕// 上海市地方志辦公室，上海市松江區地方志辦公室編：上海府縣舊志叢書·松江縣卷，上海：上海古籍出版社，2011：697。

〔註7〕撰者不署名，（民國）華婁續志殘稿〔Z〕// 上海市地方志辦公室，上海市松江區地方志辦公室編：上海府縣舊志叢書·松江縣卷，上海：上海古籍出版社，2009：1650。

在「華亭縣藝文志」和「婁縣藝文志」中，《文藝雜志》《政府公報分類彙編》《筆耕雜錄》《咫聞暇錄》不屬於類書。這樣，《（民國）華婁續志殘稿》輯錄了類書8種，為《文選碎錦》《文選類句》《通用酬應全書》《典制類林》《詩傳蒙求分韻》《四書三千字文》《類益》《齊物類鈔》。

《上海府縣舊志叢書·松江縣卷》所輯錄類書28種，刪除其重複者，得到松江縣歷代類書共22種：元代1種（為《韻府群玉掇遺》，即《韻府群玉綴遺》），明代11種（為《通考意抄》《文奇豹斑》《何氏類鎔》《藝林累百》《唐匯林》《博文編》《故事先知》《經史詞林》《經史通譜》《事類異名》《楚騷綺語》），清代7種（為《齊物類鈔》《詩傳蒙求分韻》《典制類林》《酉山桌》《四書三千字文》《類腋》《類益》），民國期間3種（為《通用酬應全書》《文選類句》《文選碎錦》）。

南匯縣歷代類書3種

上海市地方志辦公室、上海市南匯區地方志辦公室編《上海府縣舊志叢書·南匯縣卷》（上海古籍出版社2009年12月出版）全二冊。其中，《（乾隆）南匯縣新志》《（光緒）南匯縣志》收錄了類書。

1.《（乾隆）南匯縣新志》有類書1種

（清）胡志熊主修，（清）吳省欽、吳省蘭、姚左垣總纂。是志凡十六卷。卷十一「藝文志」收錄子部圖書43種，只有《續韻玉》，即《續韻府群玉》，屬於類書。其他的42種圖書中，1種宜入史部，3種宜入集部，38種則歸屬於子部其他類。子部之中摻入了史部、混入了集部，這與其「藝文志」小序裏所言的「窮經以抉其精，讀史以觀其略，或議論奇闢而自成一家，或撰述淵博而各有一集，沿流討源，『四庫』之目備矣」〔註8〕的期望不夠吻合。

2.《（光緒）南匯縣志》有類書3種

（清）金福曾、顧思賢修，（清）張文虎總纂。是志凡二十二卷。卷十二為「藝文志」，其「子部」中的「類書類」收錄《續韻玉》《典類清英》《事類駢珠》。以上3種，均為類書。

〔註8〕（清）胡志熊主修，（清）吳省欽，吳省蘭，姚左垣總纂，（乾隆）南匯縣新志〔Z〕//上海市地方志辦公室，上海市南匯區地方志辦公室編：上海府縣舊志叢書·南匯縣卷，上海：上海古籍出版社，2009：435。

　　《上海府縣舊志叢書・南匯縣卷》所輯錄類書4種，刪除其重複者，得到南匯縣歷代類書共 3 種，均為清代類書（為《續韻玉》《典類清英》《事類駢珠》）。

青浦縣歷代類書 13 種

　　上海市地方志辦公室、上海市青浦區地方志辦公室編《上海府縣舊志叢書・青浦縣卷》（上海古籍出版社 2014 年 2 月出版）全二冊。其中，《（康熙）青浦縣志》《（乾隆）重修青浦縣志》《（光緒）青浦縣志》收錄了類書。

　　1.《（康熙）青浦縣志》有類書 3 種

　　（清）魏球修，（清）諸嗣郢等纂。是志凡十卷。卷十為「藝文」，下設「著述」共 126 種，四部均有，還有單篇碑記屢入其間。其中，輯錄了《輟耕錄》《書史會要》《三才圖會》《續獻通考》《古今考》《唐匯林》。《續獻通考》《輟耕錄》《書史會要》，均不屬於類書。因而，《（康熙）青浦縣志》實際上輯錄了《三才圖會》《古今考》《唐匯林》共 3 種類書，同時，這 3 種也被《（光緒）青浦縣志》所輯錄了。

　　2.《（乾隆）重修青浦縣志》有類書 10 種

　　（清）楊卓修，（清）王昶纂。是志凡四十卷。卷三十六至卷三十七為「藝文」，以時代先後為次，所著又各以經史子集為次，間有論述，類書分散其中。經查，《（乾隆）重修青浦縣志》輯錄了 10 種類書，其中有 7 種（為《經史通譜》《古今考》《三才圖說》《何氏類鎔》《唐匯林》《經史詞林》《石樓臆編》，《三才圖說》即《三才圖會》）也被《（光緒）青浦縣志》所輯錄了；另有 3 種（《要覽》《故事先知》《博文編》）則未被《（光緒）青浦縣志》所輯錄。《要覽》久佚失，黃奭曾輯佚到，逮到光緒年間《漢學堂叢書》印行時，輯錄的是一卷，《（乾隆）重修青浦縣志》則注為三卷，可以由此推測黃奭所輯佚到的與《漢學堂叢書》所印行的《要覽》卷數要多。《（光緒）青浦縣志》在編纂時，很有可能無緣訪得《（康熙）青浦縣志》《（乾隆）重修青浦縣志》，而《漢學堂叢書》尚未印行。

　　3.《（光緒）青浦縣志》有類書 10 種

　　（清）汪祖綬修，（清）熊其英、邱式金纂。是志卷首後有三十卷及卷末。卷二十七至卷二十八為「藝文」，下設「書目」分四部及補遺，夾註中標明類別，其子部輯錄《小名錄》《經史通譜》《騷苑綺語》《古今考》《三才

圖會》《何氏類鎔》《唐匯林》《經史詞林》《石樓臆編》《類苑擷英》「以上類
書類」〔註9〕。《騷苑綺語》即《楚騷綺語》；所謂《古今考》為「文淵閣存
目」，不屬實，未曾在《四庫全書總目》中予以輯錄。如上10種為類書，則
沒有問題。在烽燹之後，典籍散佚、文獻凋落，歷時愈久搜採愈難的情形下，
《（光緒）青浦縣志》編纂者還是遍搜廣求，分部別類，精心考訂，編纂出
如此卷帙浩繁的志書，實屬不易。

　　《上海府縣舊志叢書·青浦縣卷》所輯錄類書23種，刪除其重複者，得
到青浦縣歷代類書共13種：晉代1種（為《要覽》），唐代1種（為《小名錄》），
明代9種（為《何氏類鎔》《唐匯林》《博文編》《故事先知》《經史詞林》《古
今考》《三才圖會》《經史通譜》《楚騷綺語》），清代2種（為《類苑擷英》《石
樓臆編》）。

川沙縣歷代類書5種

　　上海市地方志辦公室、上海市浦東新區地方志辦公室編《上海府縣舊志叢
書·川沙縣卷》（上海古籍出版社2011年10月出版）全二冊。其中，《（民國）
川沙縣志》收錄了類書。

　　《（道光）川沙撫民廳志》，（清）何士祁總纂，（清）姚椿等纂輯。是志
卷首後設十二卷，末附「分隸詳議」。卷十二「雜志」下有「藝文類」，其子
類收錄38種圖書。其中的《喬民家乘》當為《喬氏家乘》。《（光緒）川沙廳
志》，（清）陳方瀛主修，（清）俞越總纂。是志卷首後設十四卷及卷末。卷十
二為「藝文」，收錄47種圖書。其中，明人15種，清人32種（其中9種在
《（道光）川沙撫民廳志》中未收，而為《（光緒）川沙廳志》所新增的）。此
47種，沒有一種歸屬於類書，共有2種宜入經部，9種宜入史部，其餘分屬
於子部的其他類。

　　《（民國）川沙縣志》，方鴻鎧、陸炳麟修，黃炎培主纂，張志鶴協纂。是
志卷首後設二十四卷。卷十五為「藝文志」，其下的「箸述類」有「雜箸」門
收錄24種圖書，全部出自民國時期。該志「箸述類」下設經學、小學、算學、
詩文、醫術、雜箸，這樣民國期間24種「雜箸」就不太便於按照四部分類法
來歸類，經學和小學屬於經部，算學和醫術屬於子部，詩文屬於集部，根本就

〔註9〕　（清）汪祖綬修，（清）熊其英、邱式金纂，（光緒）青浦縣志〔Z〕// 上海市
　　　　地方志辦公室，上海市青浦區地方志辦公室編：上海府縣舊志叢書·青浦縣卷，
　　　　上海：上海古籍出版社，2014：1610～1611。

沒有史部的位置，因而「雜箸」的身份就比較特殊，經歸類，8 種置入史部，1 種置入集部，10 種置入子部雜家類，還有 5 種即《讀史分類》《史鑒集成》《勸誡便讀》《行文必讀》《易卦類聯》可列入子部類書類。

姚椿、俞越、黃炎培諸位，均為名家，他們應時編纂完成了川沙廳縣志，然而，今天當我們在《（道光）川沙撫民廳志》的「子類」、《（光緒）川沙廳志》的「子類」、《（民國）川沙縣志》的「雜箸」中爬疏類書的時候，竟然發現他們對傳統的四部分類把握得很難讓人接受：姚椿辨析不清史部和子部；俞越把經部、史部、子部混在一塊；黃炎培雜糅舊學與新知而又推出一個「雜箸」，如此分類法更是不倫不類。

嘉定縣歷代類書 14 種

上海市地方志辦公室、上海市嘉定區地方志辦公室編《上海府縣舊志叢書·嘉定縣卷》（上海古籍出版社 2012 年 12 月出版）全四冊。其中，《（萬曆）嘉定縣志》《（康熙）嘉定縣志》《（康熙）嘉定縣續志》《（乾隆）嘉定縣志》《（嘉慶）嘉定縣志》《（光緒）嘉定縣志》收錄了類書。

1.《（萬曆）嘉定縣志》有類書 2 種

（明）韓濬修，（明）張應武等纂。卷十九至卷二十二為「文苑」，分「文編」「詩編」「書目」。「書目」不分四部、不分朝代輯錄圖書，有類書 2 種（為《修辭指南》《古今考》）。

2.《（康熙）嘉定縣志》有類書 4 種

（清）趙昕修，（清）蘇淵纂。是志凡二十四卷。卷十八至卷二十二為「藝文」，分各類體裁和「書目」等，「書目」分朝代輯錄圖書，有類書 4 種（為《修辭指南》《古今考》《小字錄》《三古姓系彙譜》，《小字錄》即《小字錄補錄》）。

3.《（康熙）嘉定縣續志》有類書 1 種

（清）聞在上修，（清）許自俊等纂。是志凡五卷。卷四至卷五為「藝文」，分各類體裁和「書目」等，「書目」列 28 種圖書，其中有類書 1 種（為《人林題目》，或許即《人林別考》）。

4.《（乾隆）嘉定縣志》有類書 4 種

（清）程國棟纂修，（清）張陳典、馮致芳等同修。是志卷目後有十二卷。卷十一為「藝文志」，下有「書籍」「碑版」。「書籍」按照朝代輯錄圖書，加夾註，有類書 4 種（為《修辭指南》《三古姓氏彙編》《小字錄》《續小名錄》，《小

字錄》即《小字錄補錄》，或《小字錄補》）。

5.《（嘉慶）嘉定縣志》有類書 6 種

（清）吳桓主修，（清）王初桐執筆。是志卷首後有二十卷。卷十至卷十一為「藝文志」，分四部和存目，加夾註。「子部」輯錄類書 6 種（為《小字錄補》《人林別考》《姓氏聯珠》《更名考》《更氏考》《修辭指南》，《小字錄補錄》即《小字錄補》）。

6.《（光緒）嘉定縣志》有類書 12 種

（清）程其珏修，（清）楊震福等纂。是志卷首後有三十二卷及附刊誤、附補遺。卷二十四至卷二十八為「藝文志」。「子部」中的「類書類」輯錄「右類書類十部一百二十卷，不分卷及卷數失考者二部」〔註10〕。《修詞指南》即《修辭指南》，《小字錄補》即《小字錄補錄》。該志共輯錄如下 12 種類書：《修辭指南》《三古姓系彙譜》《小字錄補錄》《三通要錄》《嘐城世系》《匯氏碎金》《續小名錄》《古今同姓名錄》《姓氏聯珠》《更名考》《更氏考》《事物初略》。

《上海府縣舊志叢書·嘉定縣卷》所輯錄類書 29 種，刪除其重複者，得到嘉定縣歷代類書共 14 種：明代 4 種（為《修辭指南》《小字錄補錄》《三古姓系彙譜》《古今考》），清代 10 種（為《姓氏聯珠》《事物初略》《嘐城世系》《人林別考》《匯氏碎金》《三通要錄》《續小名錄》《更名考》《更氏考》《古今同姓名錄》）。以上 14 種，只有《古今考》1 種被歷代《松江府志》所收進。

寶山縣歷代類書 3 種

上海市地方志辦公室、上海市寶山區地方志辦公室編《上海府縣舊志叢書·寶山縣卷》（上海古籍出版社 2012 年 12 月出版）全二冊。其中，《（光緒）寶山縣志》《（光緒）重修寶山縣志稿》《（民國）寶山縣再續志》收錄了類書。

1.《（光緒）寶山縣志》有類書 2 種

（清）梁蒲貴、吳康壽、王樹棻修，（清）朱延射、潘履祥纂。是志卷首後有十四卷。卷十二為「藝文志」，其「書目」自明代開始輯錄，不分部類，

〔註10〕（清）程其珏修，（清）楊震福等纂，（光緒）嘉定縣志〔Z〕// 上海市地方志辦公室，上海市嘉定區地方志辦公室編：上海府縣舊志叢書·嘉定縣卷，上海：上海古籍出版社，2012：2480。

有夾註，輯錄類書 2 種（為《小字錄》《藝苑英華》）。

　　2.《（光緒）重修寶山縣志稿》有類書 2 種

　　（清）陳如升纂輯。是志分十二志。其「藝文志」下有「書目」，自明代開始輯錄，不分部類，有夾註，輯錄類書 2 種（為《小字錄》《藝苑英華》）。所謂《小字錄》：

> 　　《小字錄》。並沈宏正撰。《文淵閣著錄提要》云：《小字錄》一卷，宋陳思撰。《補錄》一卷，明沈宏正撰。蓋思拾陸龜蒙所遺，宏正又拾思所遺也。存之，亦足為識小之助。〔註11〕

　　沈宏正《小字錄》，應為《小字錄補錄》，或《小字錄補》。

　　3.《（民國）寶山縣再續志》有類書 1 種

　　王鍾琦編纂。是志卷首後有十七卷及卷末。卷十五「藝文志」下設「書目」，不分四部。子部共 52 種，輯錄類書 1 種（為《中西格言類鈔》）。

　　《上海府縣舊志叢書・寶山縣卷》所輯錄類書 5 種，刪除其重複者，得到寶山縣歷代類書共 3 種：明代 1 種（為《小字錄補錄》），清代 1 種（為《藝苑英華》），民國期間 1 種（為《中西格言類鈔》）。寶山、嘉定兩縣都將沈宏正列為邑人，而《（光緒）嘉定縣志》將沈宏正列為邑人，名其書為《小字錄》。《藝苑英華》著者張燧，亦被《（乾隆）上海縣志》《（嘉慶）松江府志》《（光緒）嘉定縣志》列入，《（乾隆）上海縣志》卷十稱其「隱居」，看來他是上海縣人較為靠譜。《中西格言類鈔》著者嚴濂為寶山縣人，應該無疑。嚴格來說，寶山歷代類書只有 1.5 種：《小字錄補錄》（撰者明人沈宏正，先為寶山縣人，後隱居於上海縣）、《中西格言類鈔》（撰者民國人嚴濂，為寶山縣人）。

奉賢縣歷代類書 3 種

　　上海市地方志辦公室、上海市奉賢區地方志辦公室編《上海府縣舊志叢書・奉賢縣卷》（上海古籍出版社 2011 年 10 月出版）全二冊。其中，《（乾隆）奉賢縣志》《（光緒）重修奉賢縣志》收錄了類書。

　　1.《（乾隆）奉賢縣志》有類書 2 種

　　（清）李治灝、吳高塿修，（清）王應奎、何孟春等纂。是志卷首後有十

〔註11〕　（清）陳如升纂輯，（光緒）重修寶山縣志稿〔Z〕// 上海市地方志辦公室，
　　　　　上海市寶山區地方志辦公室編：上海府縣舊志叢書・寶山縣卷，上海：上海古
　　　　　籍出版社，2012：1472。

卷。卷九至卷十為「藝文」，「書目（附）」輯錄 123 種圖書，其中輯錄類書 2 種（為《經史詞林》《何氏類鎔》）。

2.《（光緒）重修奉賢縣志》有類書 3 種

（清）韓佩金修監，（清）張文虎總纂。是志卷首後有二十卷，及卷末。其卷十七為「藝文志」，「子部」輯錄 78 種圖書。《舊雨編》重複出現在「子部」和「集部」，應入「集部」。因此，「子部」實際輯錄的圖書數量應以 77 種為準。張文虎諳悉《四庫全書總目》，在「藝文志」中，他將《（乾隆）奉賢縣志》「書目」中雜收圖書分為四部，按部歸屬，同時使撰者朝代分明，還使延續和新增信息井然立判。張文虎參與纂修的《（光緒）重修奉賢縣志》《光緒重修華亭縣志》《（光緒）南匯縣志》，皆謹嚴有法。《（光緒）重修奉賢縣志》「子部」中，「府志」（即《（嘉慶）松江府志》）共 14 種圖書，「舊志」（即《（乾隆）奉賢縣志》）共 26 種圖書，新增「府志」「舊志」所未收錄的宋代圖書 2 種。以上 42 種子部圖書中，類書類 3 種（為《經史詞林》《石樓臆編》《何氏類鎔》）。《（光緒）重修奉賢縣志》「子部」所新增的 35 種清代圖書中，沒有輯錄類書類圖書。

《上海府縣舊志叢書·奉賢縣卷》所輯錄類書 5 種，刪除其重複者，得到奉賢縣歷代類書共 3 種：明代 2 種（為《何氏類鎔》《經史詞林》），清代 1 種（為《石樓臆編》）。

金山縣歷代類書 15 種

上海市地方志辦公室、上海市金山區地方志辦公室編《上海府縣舊志叢書·金山縣卷》（上海古籍出版社 2014 年 12 月出版）。其中，《（光緒）金山縣志》《金山藝文志》收錄了類書。

1.《（光緒）金山縣志》有類書 5 種

（清）龔寶琦、崔廷鏞修，（清）黃厚本纂。是志卷首後設三十卷，卷十五為「藝文志」，下分經部、史部、子部、集部、金石部。子部類書類輯錄《明古編》《類腋》《酉山秇》《齊物類抄》《事類撮要》《硯小史》《經餘必讀》《守山閣叢書》《指海》《珠叢別錄》《蔬香筆記》《頌詩堂筆記》《小萬卷樓叢書》「右類書類凡 13 種」〔註12〕。《（光緒）金山縣志》所列 13 種類書中，5 種

<hr>

〔註12〕（清）龔寶琦、崔廷鏞修，（清）黃厚本纂，（光緒）金山縣志〔Z〕//上海市地方志辦公室，上海市金山區地方志辦公室編：上海府縣舊志叢書·金山縣

類書《明古編》《類腋》《酉山秕》《齊物類抄》《事類撮要》也被《金山藝文
志》列為類書;《經餘必讀》《守山閣叢書》《珠叢別錄》《指海》《小萬卷樓叢
書》,被《金山藝文志》直接列為叢書部,而不置於叢書部所附的類書中;《硯
小史》,在《(光緒)松江府續志》卷三十七「子部」中被列入譜錄類,《蔬香
筆記》《頌詩堂筆記》在《(光緒)松江府續志》卷三十七「子部」中被列入
雜家類,這裡 3 種圖書均以《(光緒)松江府續志》的分類為妥。

2.《金山藝文志》有類書 15 種

姚光著。是書分八部:經部、史部、子部、集部、叢書部(附類書),寓
賢著述部、邑人校刊書籍部、金石部。叢書部類書凡 15 種,為《編年考》《明
古編》《海錯》《類液》《六官典故》《男女姓譜》《齊物類抄》《酉山桌》《酉山
□》《百歲編》《事類撮要》《寸耕鈔略》《寸耕續鈔》《稽古便蒙》《課餘便蒙》。
以上輯錄中,《酉山□》〔註13〕,據《(嘉慶)松江府志》卷七十二「子部」
類書類作《酉山秕》。《類液》,據《(嘉慶)松江府志》卷七十二「子部」類
書類作《類腋》。《齊物類抄》即《齊物類鈔》。姚光對《金山藝文志》所列的
15 種類書普遍進行了考辨。《明古編》在《(光緒)松江府續志》卷三十七「子
部補遺」中被列入雜家類,《酉山桌》在《(光緒)金山縣志》卷十五「集部」
中被列入「別集類」,《百歲編》在《(光緒)嘉興府志》卷八十「史部」中被
列入「傳記」,而根據圖書內容,結合姚光考述,《明古編》《酉山桌》《百歲
編》應該都歸屬於類書。由此可見,《(光緒)金山縣志》所列 13 種類書中只
有 5 種歸屬於類書,而《金山藝文志》所列 15 種類書全部歸屬於類書,並完
全包括前書中的 5 種類書。同時,也可管窺發現,《(光緒)金山縣志》遜於
《(光緒)松江府續志》,民國期間姚光私修的《金山藝文志》不遜於光緒朝
的三部官修府縣志《(光緒)松江府續志》《(光緒)金山縣志》《(光緒)嘉興
府志》。

《上海府縣舊志叢書·金山縣卷》所輯錄類書 20 種,刪除其重複者,得
到金山縣歷代類書共 15 種:明代 1 種(為《編年考》,清代 14 種(為《百歲
編》《齊物類鈔》《事類撮要》《海錯》《酉山桌》《酉山秕》《寸耕鈔略》《寸耕
續鈔》《明古編》《類腋》《六官典故》《男女姓譜》《稽古便蒙》《課餘便蒙》)。

卷,上海:上海古籍出版社,2014:618。

〔註13〕姚光著,金山藝文志〔Z〕// 上海市地方志辦公室,上海市金山區地方志辦公
室編:上海府縣舊志叢書·金山縣卷,上海:上海古籍出版社,2014:858~859。

崇明縣歷代類書0種

上海市地方志辦公室、上海市崇明縣檔案局編《上海府縣舊志叢書·崇明縣卷》（上海古籍出版社 2011 年 4 月出版）全三冊。其中，《（民國）崇明縣志》收錄了類書。

《（民國）崇明縣志》，王清穆主修，曹炳麟總纂。是志凡十八卷，末為《崇明縣志附編》一卷。卷十六為「藝文志」，分四部及金石，每部以朝代先後為次，間有夾註。子部輯錄類書1種：

《經世通考》王錦裳撰未見原書，姑列類書，仿《四庫全書》

「存目」、王圻《續文獻通考》，入類書例也。〔註14〕

王錦裳，在《（康熙）重修崇明縣志》卷十一有記載：

著述有《體道篇》、《四書醒》、《經世通考》、《全史大觀》諸書。

惜無力行世。〔註15〕

《（民國）崇明縣志》卷十二對王錦裳的記載比《（康熙）重修崇明縣志》要詳細，《（民國）崇明縣志》卷十六輯錄了王錦裳《體道篇》《四書醒》《經世通考》。至於《續文獻通考》不屬於類書類，自然，《經世通考》也不歸於類書類。也因此，崇明歷代類書種數為零。

附表1　上海歷代類書一覽表

時　代	撰　者	書　名	小計	時　代	撰　者	書　名	小計
晉代	陸機	要覽	1	清代	施潤	典類清英	3
唐代	陸龜蒙	小名錄	2		湯士俊	類苑擷英	2
元代	錢全袞	韻府群玉綴遺	3		唐千頃	子學類要	2
明代	包節	通考意抄	2		唐汝詢	事類駢珠	2
	陳繼儒	文奇豹斑	2		唐式南	典制類林	1
	顧成憲	藝林剩語	2		汪價	人林別考	1
	何三畏	何氏類鎔	4		汪楷	匯氏碎金	1
	李紹文	藝林累百	2		王嘉璧	西山臬	3

〔註14〕王清穆主修，曹炳麟總纂，（民國）崇明縣志〔Z〕// 上海市地方志辦公室，上海市崇明縣檔案局編：上海府縣舊志叢書·崇明縣卷，上海：上海古籍出版社，2011：1964。

〔註15〕（清）朱衣點修，（清）吳標等纂，（康熙）重修崇明縣志〔Z〕// 上海市地方志辦公室，上海市崇明縣檔案局編：上海府縣舊志叢書·崇明縣卷，上海：上海古籍出版社，2011：316。

	陸應暘	唐匯林	3	王顯曾	酉山秕	2
	浦南金	修辭指南	1	徐士璠	四書三千字文	1
	沈宏正	小字錄補錄	2	許自俊	三通要錄	1
	沈坤仙	編年考	1	嚴懲又	寸耕鈔略	1
	沈易	博文編	3	嚴懲又	寸耕續鈔	1
	沈易	故事先知	3	顏聿津	續小名錄	1
	孫元化	三古姓氏匯譜	1	楊升	明古編	1
	唐汝諤	經史詞林	4	姚培謙	類腋	3
	王昌紀	類海	2	姚培謙	六宮典故	1
	王昌紀	閱古掄珠	2	姚培謙	男女姓譜	1
	王圻	古今考	4	殷日車	殷氏二十四帖	1
	王圻	三才圖會	3	張醇爔	稽古便蒙	1
	楊豫孫	經史通譜	3	張醇爔	課餘便蒙	1
	楊豫孫	事類異名	2	張奐曾	希姓匯補	1
	俞汝為	騷苑補	2	張燧	藝苑英華	3
	張所敬	記事珠	1	張彥曾	更名考	1
	張以謙	閱古類奇	1	張彥曾	更氏考	1
	張元玘	楚騷綺語	4	趙曉榮	古今同姓名錄	1
	鮑以爍	續韻府群玉	2	周綸	石樓臆編	3
	曹煥	百歲編	1	周宗濂	文獻通考節貫	1
	曹湯鼎	齊物類鈔	3	周忠炘	類益	1
	程維岳	事類撮要	2	丁鳳笙	讀史分類	1
	黃中	詩傳蒙求分韻	1	丁鳳笙	史鑒集成	1
	焦袁熹	海錯	1	風怡庭	勸誡便讀	1
清代	金以埏	姓氏聯珠	1	顧晉	行文必讀	1
	李行南	芸窗雜識	1	陸鳳翾	易卦類聯	1
	陸瀛齡	姓譜新編	2	民國期間 嚴凜	中西格言類鈔	1
	呂㦷	事物初略	1	雷瑨	通用酬應全書	1
	潘其彬	姓譜略	2	雷瑨	文選類句	1
	秦羽泰	嶧城世系	1	雷瑨	文選碎錦	1

備註：數字表示各種類書在上海府縣中出現的次數。

中華書局整理本《孔子家語》指誤

王文暉

　　《孔子家語》（以下簡稱《家語》）向來被視作一部偽書，學者們不敢公然引據。然而其內容較《論語》卻更加豐富、具體、生動，是研究古代儒學思想的重要資料來源。正如《四庫總目》所說：「故自唐以來，知其偽而不能廢也。」隨著上世紀七十年代出土材料的陸續發現，《家語》不偽或不全偽的觀點日益高漲，並由此引發了一股《家語》研究的熱潮。然而，歷經千百年的流傳，加之數百年的冷落，今傳本《家語》幾乎滿目瘡痍，許多地方呈現出魯魚豕亥的面貌。缺乏優良的研究底本，是目前《家語》研究所面臨的首要障礙。對今傳本《家語》進行整理，盡可能還原其舊貌，成為刻不容緩的工作。

　　目前通行的《家語》版本主要有以下來源：其一，所謂的影宋本，包括商務印書館《四部叢刊》影印的明代黃魯曾覆宋本，同文書局石印影宋本，劉氏玉海棠覆宋本等；其二，上海古籍出版社影印文淵閣《四庫全書》本；其三，中華書局據毛氏汲古閣本排印的《四部備要》本。此外還有元代王廣謀的《孔子家語句解》，清代陳士珂《孔子家語疏證》等。這些版本字句互有出入，均需要校勘整理。

　　目前影響比較大的《家語》整理本主要有兩種：2009年齊魯書社出版的楊朝明、宋立林主編的《孔子家語通解》，以明代黃魯曾覆宋本為底本；2011年中華書局出版的王國軒、王秀梅全注全譯的《孔子家語》，以四庫全書本為底本。這兩種整理本各有所長，尤其以中華本質量為最高。但是由於《家語》長期缺乏校理，文本的訛脫衍奪現象十分嚴重，在這種情況下進行全注全譯，錯誤之處就在所難免。本文就中華書局全注全譯本《家語》失誤之處略舉9例，就教於王國軒與王秀梅兩位先生，同時也為《家語》的整理工作

略獻芻蕘之採。文中 9 條引文皆出自中華書局 2010 年出版的全注全譯本《孔子家語》，每條引文後括注頁碼，以便覆核。

1.《始誅》：夫慢令謹誅，賊也；征斂無時，暴也；不試責成，虐也。政無此三者，然後刑可即也。（19 頁）

按：「不試責成」，中華書局注譯本譯為：「不加以教化而苛求百姓遵守禮法」（21 頁），可是「試」並無「教化」之義。這段話在《荀子‧宥坐》作：「嫚令謹誅，賊也。今生也有時，斂也無時，暴也；不教而責成功，虐也。」在《說苑‧政理》作：「不教而誅謂之虐，不戒責成謂之暴也。」在《韓詩外傳》卷三作：「不戒責成，害也；慢令致期，暴也；不教而誅，賊也。」三處互見之文無一處作「不試責成」。此處記錄的是孔子有關法制與教化關係的言論，孔子主張先教而後刑，否則「上教之不行，罪不在民。」因此「不試責成」其義應該與「不教責成」相近似，「試」當是個誤字。日本古寫本《群書治要‧孔子家語》作「不誡責成」，與《說苑》和《韓詩外傳》一致。「誡」即警告，告戒。「不誡責成」即不事先進行告誡就責求百姓遵紀守法。「教」本有告諭、教導之義，「不教責成」與「不誡責成」同義。故此處「試」應是「誡」之誤。在古寫本《群書治要‧孔子家語》中，「試」與「誡」的字形極其相似，這或許就是導致兩字訛混的致誤之由。他書亦有其例。《史記‧禮書》「古者之兵，戈矛弓矢而已，然而敵國不待試而詘。」《集解》引徐廣曰：「試，一作『誡』也。」

2.《王言解》：上惡貪則下恥爭，上廉讓則下恥節。（26 頁）

按：「下恥節」，中華書局注譯本譯為：「居上位的人講廉潔謙讓，百姓就會以不講氣節德操為恥。」（26 頁）「節」即禮節，但作為「不講禮節」則屬於增字解經，毫無依據。「恥節」之「恥」疑涉上而誤。日本古寫本《群書治要》及唐代趙蕤《長短經》卷三「適變」引《孔子家語》皆作「知節」。「知節」即懂得禮節，與「上廉讓」語義前後相承，作「知節」為是。

3.《王言解》：故明王之政，猶時雨之降，降至則民悅也。（30 頁）

按：中華書局注譯本譯為：「因此聖明君主的政治就像及時雨，降下百姓就歡愉。」（31 頁）實際上此處說的是明君征伐的必要性和重要性，與明君之政沒有關係。這裡的「政」當讀如「徵」。明君之徵於苦難中的百姓而言，若解倒懸，恰如時雨之降；若明王之政猶時雨之降，時雨不常降，則百姓常處於危困矣。因此，「明王之政」作「明王之徵」才合乎情理。《群書治

要》正作「徵」。《大戴禮記‧主言》作「明主之徵也，猶時雨也，至則民說矣。」亦是其證。

4.《大婚》：夫婦別，男女親，君臣信，三者正，則庶物從之。（33頁）

按：夫婦、男女、君臣不合封建社會「三綱」的內容。班固《白虎通‧三綱六紀》：「三綱者，何謂也？君臣、父子、夫婦也。」故「男女親」當作「父子親」。二戴《禮記》及《群書治要》均作「父子親」。中華書局注譯本雖已根據《禮記》與《大戴禮記》列出異文，但不作取捨，仍然按照「男女親」來翻譯，失之。

5.《五儀解》：日出聽政，至於中冥。（58頁）

按：遍檢先秦兩漢古籍，除了《孔子家語》外，其餘未見「中冥」一詞。通行本《群書治要》作「中昃」，日本古寫本《群書治要》作「中仄」。「昃」與「仄」聲同義通。「日昃」、「日仄」均是古籍常用詞，專指太陽西斜。此處王肅有注：「中，日中。冥，昳中。」「昳」即太陽偏斜。故「冥」當為「昃」的形訛。「昃」的異體字還可寫作「吳」。「吳」與「冥」近似，此殆為其致誤之由。

6.《五儀解》：孔子曰：存亡禍福皆在己而已，天災地妖弗能加也。……昔者殷王帝辛之世，有雀生大鳥於城隅焉，……帝辛介雀之德，不修國政，……殷國以亡。此即以己逆天時，詭福反為禍者也。又其先世殷太戊之時，道缺法圮，以致夭蘗，桑穀生於朝，七日大拱，……太戊恐駭，側身修行。……三年之後，遠方慕義，重譯至者，十有六國。此即以己逆天時，得禍轉為福者也。（66頁）

按：這段話出現了兩處「以己逆天時」，而意思卻截然相反。前一處是天降吉兆，預示著國家必將成為霸主，然而商紂王卻不修國政，反而倒行逆施，最終為殷所滅，此處的「逆天時」當是違背天命之義。後一處則是天降滅國的凶兆，然而太戊卻恐懼戒慎，側身修行，最終轉禍為福，化險為夷，國家太平，此處的「逆天時」當是順應天命之義。中華書局注譯本《家語》將後一處翻譯為「改變天時」，於「逆」字本義不甚妥帖。「逆」在古漢語中是個典型的反訓詞，既可以理解為「迎接，迎合」，也可理解為「違背，拂逆」，然而兩種意義同時共現則屬罕見。《說苑‧敬慎》作「此迎天時得禍反為福也」。日本古寫本《群書治要‧孔子家語》亦作「迎天時」。據日本學者尾崎康研究，古寫本《群書治要》淵源於唐高宗時代的寫本，目前我們所能看到的是鐮倉時代的寫本，時代比較早。由此可見，為了消除歧義，早期的

版本已經對「逆」的兩種意義進行了分化。

7.《致思》：刖者曰：「斷足，故我之罪也，無可奈何。曩者君治臣以法令，先人後臣，欲臣之免也，臣知。獄決罪定，臨當論刑，君愀然不樂，見於顏色，臣又知之。君豈私臣哉？天生君子，其道固然，此臣之所以悅君也。」（76頁）

按：此處講述的是孔子弟子季羔在衛國發生的一件事。上文言季羔擔任衛國獄官時，曾刖人之足，後季羔蒙難而逃，刖者守門，刖者非但不報怨，反而出手相救，使季羔逃脫險境。季羔遂問刖者：「吾不能虧主之法而親刖子之足，今吾在難，此正子報怨之時，而子逃我，何故？」刖者便作了如上的回答。中華書局注譯本說：「您並非是偏愛我啊，您天生是位君子，這樣的表現完全是發自內心本性。這就是我喜歡您的原因。」（77頁）齊魯書社《孔子家語通解》翻譯成：「你哪裏對我存在私自偏心呢？那些天生的君子，為人之道本來就是這樣。這是我之所以欣賞您的原因。」將「悅君」理解成「喜歡您」或「欣賞您」皆與文義不符。此處的「悅君」當讀作「脫君」，即使您逃脫。《說苑‧至公》正作「脫」，《太平御覽》卷二百三十一「職官部」之「大理卿」引《孔子家語》亦作「脫」。然亦有版本作「悅」者。《孔子家語》「此臣之所以悅君也」在《韓非子‧外儲說左下》中作「此臣之所以悅而德公也」，通行本與古寫本《群書治要》均作「悅君」。按，「悅」皆當讀作「脫」。「悅」與「俛」可通假。《呂氏春秋‧士容》：「淳淳乎慎謹畏化，而不肯自足；乾乾乎取捨不悅，而心甚素樸。」高誘注：「取捨不悅，常敬慎也。」陳奇猷校釋：「悅，張本作俛，是也。今作悅者，以音同通假耳。《淮南‧本經訓》注：『俛，簡易也。』簡易，猶今言馬虎、不精細。高誘釋『取捨不悅』為『常敬慎』，亦事事不馬虎之意，是高亦讀悅為俛也。」「悅」與「俛」可通，「俛」又是「脫」的俗寫。因此，「悅君」即「俛君」，亦即「脫君」。

8.《致思》：子貢問治民於孔子，子曰：「懍懍焉若持腐索之扜馬。」子貢曰：「何其畏也？」孔子曰：「夫通達御之，皆人也。以道導之，則吾畜也；不以道導之，則吾仇也。如之何其無畏也？」（93頁）

按：「夫通達御之皆人也」，中華書局注譯本譯為「在交通要道上駕馭馬，到處都是人」（94頁）。齊魯書社《孔子家語通解》譯為「駕車御馬能否順暢通達皆取決於人」。兩處譯文皆扞格難通。今按，「通達御之皆人也」於義費解，此段文字疑有竄亂。「御」字疑本在「懍懍焉若持腐索之扜馬」句中，古寫本《群書治要》作「懍懍焉如以腐索御扜馬」，《說苑‧政理》作「懍懍焉

如以腐索御奔馬」，《淮南子·說林訓》：「君子之居民上，若以腐索御奔馬。」皆有「御」字。「夫通達御之皆人也」，通行本《群書治要》作「夫通達之屬皆人也」，古寫本《群書治要》作「夫通達之國皆人也」，《說苑·政理》亦作「夫通達之國皆人也」。「通達之屬」與「通達之國」義同。《莊子·則陽》：「知遊心於無窮，而反在通達之國，若存若亡乎？」郭慶藩注云：「人跡所及為通達，謂今四海之內也。」《荀子·王霸》：「湯以亳，武王以鄗，皆百里之地也，天下為一，諸侯為臣，通達之屬，莫不從服，無它故焉，以義濟矣。」《荀子·儒效》：「故近者歌謳而樂之，遠者竭蹶而趨之，四海之內若一家，通達之屬莫不從服，夫是之謂人師。」楊倞注：「通達之屬，謂舟車所至之處也。」《孔子家語》中孔子的意思是說，四海之內皆是民眾，若以正確的方式引導他們，則民眾皆是君之畜，反之，民眾皆是君之仇。

9.《六本》：置本不固，無務農桑；親戚不悅，無務外交。（182 頁）

按：「農桑」是農業生產的代名詞，「無務農桑」即不要從事農業生產。從上下文語境來看，孔子此處說的是「行己六本」的內容，與農業生產無關。上文云：「行己有六本焉，然後為君子也。立身有義矣，而孝為本；喪紀有禮矣，而哀為本；戰陣有列矣，而勇為本；治政有理矣，而農為本；居國有道矣，而嗣為本；生財有時矣，而力為本。」孔子認為，人立身行事首先要致力於固本，然後方能成為君子，「六本」之外的事情皆是「末」。「置本不固，無務農桑。」即立身行事的根本不鞏固，就不要「務農桑」。顯然，此處的「農桑」與語境不符。《說苑·建本》及通行本《群書治要》皆作「豐末」。「豐末」即使末大於本。「末」是「本」的對立面，正合孔子本義。《墨子·修身》：「是故置本不安者，無務豐末。」亦可為證。究其致誤之由，「豐」與「農」兩字的繁體近似，「桑」的手寫俗體作「桒」，與「末」比較接近，形近致訛。

辨　偽

章學誠文獻辨偽資料輯錄

司馬朝軍

　　章學誠《文史通義》一書涉及文獻辨偽的內容密度極高，不憚繁瑣，輯錄
如次。

易教上

　　六經皆史也。古人不著書，古人未嘗離事而言理，六經皆先王
之政典也。或曰：《詩》《書》《禮》《樂》《春秋》，則既聞命矣。《易》
以道陰陽，願聞所以為政典，而與史同科之義焉。曰：聞諸夫子之
言矣。「夫《易》開物成務，冒天下之道。」「知來藏往，吉凶與民同
患。」其道蓋包政教典章之所不及矣。象天法地，「是興神物，以前
民用」。其教蓋出政教典章之先矣。《周官》太卜掌三《易》之法，
夏曰《連山》，殷曰《歸藏》，周曰《周易》，各有其象與數，各殊其
變與占，不相襲也。然三《易》各有所本，《大傳》所謂庖羲、神農
與黃帝、堯、舜，是也。（《歸藏》本庖羲，《連山》本神農，《周易》
本黃帝。）由所本而觀之，不特三王不相襲，三皇、五帝亦不相沿
矣。蓋聖人首出御世，作新視聽，神道設教，以彌綸乎禮樂刑政之
所不及者，一本天理之自然，非如後世託之詭異妖祥，讖緯術數，
以愚天下也。

　　夫子曰：「我觀夏道，杞不足徵，吾得《夏時》焉。我觀殷道，
宋不足徵，吾得《坤乾》焉。」夫《夏時》，夏正書也。《坤乾》，《易》
類也。夫子憾夏、商之文獻無所徵矣，而《坤乾》乃與夏正之書同
為觀於夏、商之所得；則其所以厚民生與利民用者，蓋與治歷明時，

同為一代之法憲；而非聖人一己之心思，離事物而特著一書，以謂明道也。夫懸象設教，與治歷授時，天道也。《禮》《樂》《詩》《書》，與刑、政、教、令，人事也。天與人參，王者治世之大權也。韓宣子之聘魯也，觀書於太史氏，得見《易》象、《春秋》，以為周禮在魯。夫《春秋》乃周公之舊典，謂周禮之在魯可也，《易》象亦稱周禮，其為政教典章，切於民用而非一己空言，自垂昭代而非相沿舊制，則又明矣。夫子曰：「《易》之興也，其於中古乎？作《易》者，其有憂患乎？」顧氏炎武嘗謂《連山》《歸藏》，不名為《易》。太卜所謂三《易》，因《周易》而牽連得名。今觀八卦起於伏羲，《連山》作於夏后，而夫子乃謂《易》興於中古，作《易》之人獨指文王，則《連山》《歸藏》不名為「易」，又其徵矣。

或曰：文王拘幽，未嘗得位行道，豈得謂之作《易》以垂政典歟？曰：八卦為三《易》所同，文王自就八卦而繫之辭，商道之衰，文王與民同其憂患，故反覆於處憂患之道，而要於无咎，非創制也。周武既定天下，遂名《周易》，而立一代之典教，非文王初意所計及也。夫子生不得位，不能創制立法，以前民用；因見《周易》之於道法，美善無可復加，懼其久而失傳，故作《彖》《象》《文言》諸傳，以申其義蘊，所謂述而不作；非力有所不能，理勢固有所不可也。

後儒擬《易》，則亦妄而不思之甚矣！彼其所謂理與數者，有以出《周易》之外邪！無以出之，而惟變其象數法式，以示與古不相襲焉，此王者宰制天下，作新耳目，殆如漢制所謂色黃數五，事與改正朔而易服色者為一例也。揚雄不知而作，則以九九八十一者，變其八八六十四矣。後代大儒，多稱許之，則以其數通於治歷，而著揲合其吉凶也。夫數乃古今所共，凡明於歷學者，皆可推尋，豈必《太玄》而始合哉？著揲合其吉凶，則又陰陽自然之至理。誠之所至，探籌鑽瓦，皆可以知吉凶；何必支離其文，艱深其字，然後可以知吉凶乎？《元包》妄託《歸藏》，不足言也。司馬《潛虛》，又以五五更其九九，不免賢者之多事矣。故六經不可擬也。先儒所論僅謂畏先聖而當知嚴憚耳。此指揚氏《法言》，王氏《中說》，誠為中其弊矣。若夫六經，皆先王得位行道，經緯世宙之跡，而非託於空言。故以夫子之聖，猶且述而不作。如其不知妄作，不特有擬聖

之嫌，抑且蹈於僭竊王章之罪也，可不慎歟！

今按，前二段言三《易》，第三段言《周易》經傳作者，末段言擬《易》，皆關乎辨偽。

又按，擬經是一種常見的文化現象，擬《易》不同於作偽。章學誠認為「六經不可擬」，未免迂執。

易教中

夫子曰：「加我數年，五十以學《易》，可以無大過矣。」又曰：「吾學周禮，今用之，吾從周。」學《易》者，所以學周禮也。韓宣子見《易象》《春秋》，以為周禮在魯。夫子學《易》而志《春秋》，所謂學周禮也。夫子語顏淵曰：「行夏之時，乘殷之輅，服周之冕，樂則《韶》舞。」是斟酌百王，損益四代，為萬世之圭臬也。曆象遞變，而夫子獨取於夏時；筮占不同，而夫子獨取於《周易》。此三代以後，至今循行而不廢者也。然三代以後，曆顯而《易》微；曆存於官守，而《易》流於師傳；故儒者敢於擬《易》，而不敢造曆也。曆之薄蝕盈虧，有象可驗，而《易》之吉凶悔吝，無跡可拘；是以曆官不能穿鑿於私智，而《易》師各自為說，不勝紛紛也。故學《易》者，不可以不知天。

今按，孔子與《周易》的關係問題一直是辨偽學史上的難題，宋代以來的疑古派一直懷疑甚至否定孔子與《周易》的關係，而章學誠提出了「學《易》者所以學周禮也」的獨特觀點。

書教上

《周官》外史，掌三皇五帝之書。今存虞、夏、商、周之策而已，五帝僅有二，而三皇無聞焉。左氏所謂《三墳》《五典》，今不可知，未知即是其書否也？以三王之誓、誥、貢、範諸篇，推測三皇諸帝之義例，則上古簡質，結繩未遠，文字肇興，書取足以達微隱通形名而已矣。因事命篇，本無成法，不得如後史之方圓求備，拘於一定之名義者也。夫子敘而述之，取其疏通知遠，足以垂教矣。世儒不達，以謂史家之初祖，實在《尚書》，因取後代一成之史法，紛紛擬《書》者，皆妄也。

三代以上之為史，與三代以下之為史，其同異之故可知也。三

代以上，記注有成法，而撰述無定名；三代以下，撰述有定名，而記注無成法。夫記注無成法，則取材也難；撰述有定名，則成書也易。成書易，則文勝質矣。取材難，則偽亂真矣。偽亂真而文勝質，史學不亡而亡矣。良史之才，間世一出，補偏救弊，憊且不支。非後人學識不如前人，《周官》之法亡，而《尚書》之教絕，其勢不得不然也。

《周官》三百六十，具天下之纖析矣，然法具於官，而官守其書。觀於六卿聯事之義，而知古人之於典籍，不憚繁複周悉，以為記注之備也。即如六典之文，繁委如是，太宰掌之，小宰副之，司會、司書、太史又為各掌其貳，則六典之文，蓋五倍其副貳，而存之於掌故焉。其他篇籍，亦當稱是。是則一官失其守，一典出於水火之不虞，他司皆得藉徵於副策。斯非記注之成法，詳於後世歟？漢至元成之間，典籍可謂備矣。

孟子曰：「王者之跡息而《詩》亡；《詩》亡然後《春秋》作。」蓋言王化之不行也，推原《春秋》之用也。不知《周官》之法廢而《書》亡，《書》亡而後《春秋》作。則言王章之不立也，可識《春秋》之體也。不知《周官》之法廢而《書》亡哉？

書教中

《書》無定體，故易失其傳；亦惟《書》無定體，故託之者眾。周末文勝，官禮失其職守，而百家之學，多爭託於三皇五帝之書矣。藝植託於神農，兵法醫經託於黃帝，好事之徒，傳為《三墳》之逸書而《五典》之別傳矣。不知書固出於依託，旨亦不盡無所師承，官禮政舉而人存，世氏師傳之掌故耳。惟「三」「五」之留遺，多存於《周官》之職守，則外史所掌之書，必其籍之別具，亦如六典各存其副之制也。左氏之所謂《三墳》《五典》，或其概而名之，或又別為一說，未可知也。必欲確指如何為三皇之墳，如何為五帝之典，則鑿矣。

《逸周書》七十一篇，多官禮之別記與《春秋》之外篇，殆治《尚書》者雜取以備經書之旁證耳。劉、班以謂孔子所論百篇之餘，則似逸篇，初與典、謨、訓、誥，同為一書，而孔子為之刪彼存此耳。毋論其書文氣不類，醇駁互見，即如《職方》《時訓》諸解，明

用經記之文，《太子晉解》，明取春秋時事，其為外篇別記，不待繁言而決矣。而其中實有典言寶訓，識為先王誓誥之遺者，亦未必非百篇之逸旨，而不可遽為刪略之餘也。

　　《書》無定體，故附之者雜。後人妄擬《書》以定體，故守之也拘。古人無空言，安有記言之專書哉？漢儒誤信《玉藻》記文，而以《尚書》為記言之專書焉。於是後人削趾以適屨，轉取事文之合者，削其事而輯錄其文，以為《尚書》之續焉；若孔氏《漢魏尚書》、王氏《續書》之類皆是也。無其實，而但貌古人之形似，譬如畫餅餌之不可以充饑。況《尚書》本不止於記言，則孔衍、王通之所擬，並古人之形似而不得矣。劉知幾嘗患史策記事之中，忽間長篇文筆，欲取君上詔誥，臣工奏章，別為一類，編次紀傳史中，略如書志之各為篇目，是劉亦知《尚書》折而入《春秋》矣。然事言必分為二，則有事言相貫、質與文宣之際，如別自為篇，則不便省覽，如仍然合載，則為例不純；是以劉氏雖有是說，後人訖莫之行也。至如論事章疏，本同口奏，辨難書牘，不異面論，次於紀傳之中，事言無所分析，後史恪遵成法可也。乃若揚、馬之辭賦，原非政言，嚴、徐之上書，亦同獻頌，鄒陽、枚乘之縱橫，杜欽、谷永之附會，本無關於典要，馬、班取表國華，削之則文采滅如，存之則紀傳猥濫，斯亦無怪劉君之欲議更張也。

書教下

　　《易》曰：「蓍之德圓而神，卦之德方以智。」閒嘗竊取其義，以概古今之載籍，撰述欲其圓而神，記注欲方以智也。夫智以藏往，神以知來，記注欲往事之不忘，撰述欲來者之興起，故記注藏往似智，而撰述知來擬神也。藏往欲其賅備無遺，故體有一定，而其德為方；知來欲其決擇去取，故例不拘常，而其德為圓。《周官》三百六十，天人官曲之故可謂無不備矣。然諸史皆掌記注，而未嘗有撰述之官；（祝史命告，未嘗非撰述，然無撰史之人。如《尚書》誓誥，自出史職，至於帝典諸篇，並無應撰之官。）則傳世行遠之業，不可拘於職司，必待其人而後行；非聖哲神明，深知二帝三王精微之極致，不足以與此。此《尚書》之所以無定法也。

《尚書》《春秋》，皆聖人之典也。《尚書》無定法，而《春秋》有成例。故《書》之支裔，折入《春秋》，而《書》無嗣音。有成例者易循，而無定法者難繼，此人之所知也。然圓神方智，自有載籍以還，二者不偏廢也。不能究六藝之深耳，未有不得其遺意者也。史氏繼《春秋》而有作，莫如馬、班，馬則近於圓而神，班則近於方以智也。

詩教上

戰國之文，其源皆出於六藝，何謂也？曰：道體無所不該，六藝足以盡之。諸子之為書，其持之有故而言之成理者，必有得於道體之一端，而後乃能恣肆其說，以成一家之言也。所謂一端者，無非六藝之所該，故推之而皆得其所本；非謂諸子果能服六藝之教，而出辭必衷於是也。《老子》說本陰陽，《莊》《列》寓言假象，《易》教也。鄒衍侈言天地，關尹推衍五行，《書》教也。管、商法制，義存政典，《禮》教也。申、韓刑名，旨歸賞罰，《春秋》教也。其他楊、墨、尹文之言，蘇、張、孫、吳之術，辨其源委，把其旨趣，九流之所分部，《七錄》之所敘論，皆於物曲人官，得其一致，而不自知為六典之遺也。

戰國之文，既源於六藝，又謂多出於《詩》教，何謂也？曰：戰國者，縱橫之世也。縱橫之學，本於古者行人之官。觀春秋之辭命，列國大夫，聘問諸侯，出使專對，蓋欲文其言以達旨而已。至戰國而抵掌揣摩，騰說以取富貴，其辭敷張而揚厲，變其本而加恢奇焉，不可謂非行人辭命之極也。孔子曰：「誦詩三百，授之以政，不達；使於四方，不能專對，雖多奚為？」是則比興之旨，諷諭之義，固行人之所肄也。縱橫者流，推而衍之，是以能委折而入情，微婉而善諷也。九流之學，承官曲於六典，雖或原於《書》《易》《春秋》，其質多本於禮教，為其體之有所該也。及其出而用世，必兼縱橫，所以文其質也。古之文質合於一，至戰國而各具之質；當其用也，必兼縱橫之辭以文之，周衰文弊之效也。故曰：戰國者，縱橫之世也。

後世之文其體皆備於戰國，何謂也？曰：子史衰而文集之體盛；著作衰而辭章之學興。文集者，辭章不專家，而萃聚文墨，以為蛇龍之菹也。後賢承而不廢者，江河導而其勢不容復遏也。經學不專

家，而文集有經義；史學不專家，而文集有傳記；立言不專家，而文集有論辨。後世之文集，捨經義與傳記、論辨之三體，其餘莫非辭章之屬也。而辭章實備於戰國，承其流而代變其體制焉。學者不知，而溯摯虞所裒之《流別》，甚且以蕭梁《文選》，舉為辭章之祖也，其亦不知古今流別之義矣。

　　至戰國而文章之變盡，至戰國而後世之文體備，其言信而有徵矣。至戰國而著述之事專，何謂也？曰：古未嘗有著述之事也，官師守其典章，史臣錄其職載。文字之道，百官以之治，而萬民以之察，而其用已備矣。是故聖王書同文以平天下，未有不用之於政教典章，而以文字為一人之著述者也。道不行而師儒立其教，我夫子之所以功賢堯舜也。然而予欲無言，無行不與，六藝存周公之舊典，夫子未嘗著述也。《論語》記夫子之微言，而曾子子思，俱有述作以垂訓，至孟子而其文然後閎肆焉，著述至戰國而始專之明驗也。（《論語》記曾子之沒，吳起嘗師《曾子》，則《曾子》沒於戰國初年，而《論語》成於戰國之時明矣。）春秋之時，管子嘗有書矣，《鬻子》《晏子》，後人所託。然載一時之典章政教，則猶周公之有《官禮》也。記管子之言行，則習管氏法者所綴輯，而非管仲所著述也。（或謂管仲之書，不當稱桓公之諡，閻氏若璩又謂後人所加，非《管子》之本文，皆不知古人並無私自著書之事，皆是後人綴輯，詳《諸子》篇。）兵家之有《太公陰符》，醫家之有《黃帝素問》，農家之《神農》《野老》，先儒以謂後人偽撰，而依託乎古人；其言似是，而推究其旨，則亦有所未盡也。蓋末數小技，造端皆始於聖人，苟無微言要旨之授受，則不能以利用千古也。三代盛時，各守人官物曲之世氏，是以相傳以口耳，而孔、孟以前，未嘗得見其書也。至戰國而官守師傳之道廢，通其學者，述舊聞而著於竹帛焉。中或不能無得失，要其所自，不容遽昧也。以戰國之人，而述黃、農之說，是以先儒辨之文辭，而斷其偽託也；不知古初無著述，而戰國始以竹帛代口耳。（外史掌三皇五帝之書，及四方之志，與孔子所述六藝舊典，皆非著述一類，其說已見於前。）實非有所偽託也。然則著述始專於戰國，蓋亦出於勢之不得不然矣。著述不能不衍為文辭，而文辭不能不生其好尚。後人無前人之不得已，而惟以好尚逐於文辭焉，然猶自命為著述，是以戰國為文章之盛，

而衰端亦已兆於戰國也。

詩教下

　　古無私門之著述，未嘗無達衷之言語也。惟託於聲音，而不著於文字，故秦人禁《詩》《書》，《書》闕有間，而《詩》篇無有散失也。後世竹帛之功，勝於口耳；而古人聲音之傳，勝於文字；則古今時異，而理勢亦殊也。自古聖王以禮樂治天下，三代文質，出於一也。世之盛也，典章存於官守，《禮》之質也；情志和於聲詩，樂之文也。迨其衰也，典章散，而諸子以術鳴。故專門治術，皆為《官禮》之變也。情志蕩，而處士以橫議，故百家馳說，皆為聲《詩》之變也。（名、法、兵、農、陰陽之類，主實用者，謂之專門治術，其初各有職掌，故歸於官，而為禮之變也。談天、雕龍、堅白、異同之類，主虛理者，謂之百家馳說。其言不過達其情志，故歸於詩，而為樂之變也。）戰國之文章，先王禮樂之變。然而獨謂《詩》教廣於戰國者，專門之業少，而縱橫騰說之言多。後世專門子術之書絕（偽體子書，不足言也。）而文集繁，雖有醇駁高下之不同，其究不過自抒其情志。故曰：後世之文體，皆備於戰國，而《詩》教於斯可謂極廣也。學者誠能博覽後世文之集，而想見先王禮樂之初焉，庶幾有立而能言，（學問有主即是立，不盡如朱子所云肌膚筋骸之束而已也。）可以與聞學《詩》學《禮》之訓矣。

　　論文拘形貌之弊，至後世文集而極矣。蓋編次者之無識，亦緣不知古人之流別，作者之意指，不得不拘貌而論文也。集文雖始於建安，而實盛於齊、梁之際；古學之不可復，蓋至齊梁而後蕩然矣。范、陳、晉、宋諸史所載，文人列傳，總其撰著，必云詩、賦、碑、箴、頌、誄若干篇而未嘗云文集若干卷；則古人文字，散著篇籍，而不強以類分可知也。孫武之書，蓋有八十二篇矣，而闔閭以謂「子之十三篇，吾既得而見」，是始《計》以下十三篇，當日別出獨行，而後世始合之明徵也。韓非之書，今存五十五篇矣。而秦王見其《五蠹》《孤憤》，恨不得與同時。是《五蠹》《孤憤》，當日別出獨行，而後世始合之明徵也。《呂氏春秋》自序，以為良人問十二紀，是八覽六論，未嘗入序次也。董氏《清明》《玉杯》《竹林》之篇，班固與《繁露》並紀其篇名，是當日諸篇未入《繁露》之書也。夫諸子專

家之書，指無旁及，而篇次猶不可強繩以類例；況文集所衰，體制非一，命意各殊，不深求其意指之所出，而欲強以篇題形貌相拘哉！

經解上

至於官師既分，處士橫議，諸子紛紛，著書立說，而文字始有私家之言，不盡出於典章政教也。儒家者流，乃尊六藝而奉以為經，則又不獨對傳為名也。

然所指專言六經，則以先王政教典章，綱維天下，故《經解》疏別六經，以為入國可知其教也。《論語》述夫子之言行，《爾雅》為群經之訓詁，《孝經》則又再傳門人之所述，與《緇衣》《坊》《表》諸記，相為出入者爾。劉向、班固之徒，序類有九，而稱藝為六，則固以三者為傳，而附之於經，所謂離經之傳，不與附經之傳相次也。當時諸子著書，往往自分經傳，如撰輯《管子》者之分別經言，《墨子》亦有《經》篇，《韓非》則有《儲說》經傳，蓋亦因時立義，自以其說相經緯爾，非有所擬而僭其名也。經同尊稱，其義亦取綜要，非如後世之嚴也。聖如夫子，而不必為經。諸子有經，以貫其傳，其義各有攸當也。後世著錄之家，因文字之繁多，不盡關於綱紀，於是取先聖之微言，與群經之羽翼，皆稱為經。如《論語》《孟子》《孝經》，與夫大小《戴記》之別於《禮》，《左氏》《公》《穀》之別於《春秋》，皆題為經，乃有九經、十經、十三、十四諸經，以為專部，蓋尊經而並及經之支裔也。而儒者著書，始嚴經名，不敢觸犯，則尊聖教而慎避嫌名，蓋猶三代以後，非人主不得稱我為朕也。然則今之所謂經，其強半皆古人之所謂傳也。古之所謂經，乃三代盛時，典章法度，見於政教行事之實，而非聖人有意作為文字以傳後世也。

經解中

至於術數諸家，均出聖門制作。周公經理垂典，皆守人官物曲，而不失其傳。及其官司失守，而道散品亡，則有習其說者，相與講貫而授受，亦猶孔門傳習之出於不得已也。然而口耳之學，不能歷久而不差，則著於竹帛，以授之其人，亦其理也。是以至戰國而義、農、黃帝之書，一時雜出焉。其書皆稱古聖，如天文之《甘石星經》，方技之《靈》《素》《難經》，其類實繁，則猶匠祭魯般，兵祭蚩尤，

不必著書者之果為聖人，而習是術者，奉為依歸，則亦不得不尊以為經言者也。

又如《漢志》以後，雜出春秋戰國時書，若師曠《禽經》，伯樂《相馬》之經，其類亦繁，不過好事之徒，因其人而附合，或略知其法者，託古人以鳴高，亦猶儒者之傳梅氏《尚書》，與子夏之《詩大序》也。他若陸氏《茶經》，張氏《棋經》，酒則有《甘露經》，貨則有《相貝經》，是乃以文為諧戲，本無當於著錄之指。

經解下

異學稱經以抗六藝，愚也；儒者僭經以擬六藝，妄也。六經初不為尊稱，義取經綸為世法耳，六藝皆周公之政典，故立為經。夫子之聖，非遜周公，而《論語》諸篇不稱經者，以其非政典也。後儒因所尊而尊之，分部隸經，以為傳固翼經者耳。佛老之書，本為一家之言，非有綱紀政事；其徒欲尊其教，自以一家之言，尊之過於六經，無不可也。強加經名以相擬，何異優伶效楚相哉。亦其愚也。揚雄、劉歆，儒之通經者也。揚雄《法言》，蓋云時人有問，用法應之，抑亦可矣。乃云象《論語》者，抑何謬邪？雖然，此猶一家之言，其病小也。其大可異者，作《太玄》以準《易》，人僅知謂僭經爾，不知《易》乃先王政典而非空言，雄蓋蹈於僭竊王章之罪，弗思甚也。衛氏之《元包》，司馬之《潛虛》，方且擬《玄》而有作，不知《玄》之擬《易》已非也。劉歆為王莽作《大誥》，其行事之得罪名教，固無可說矣。即擬《尚書》，亦何至此哉？河汾六籍，或謂好事者之緣飾，王通未必遽如斯妄也。誠使果有其事，則六經奴婢之誚，猶未得其情矣。奴婢未嘗不服勞於主人，王氏六經，服勞於孔氏者，又何在乎？

束皙之《補笙詩》，皮日休之《補九夏》，白居易之《補湯徵》，以為文人戲謔而不為虐，稱為擬作，抑亦可矣。標題曰「補」，則亦何取辭章家言，以綴《詩》《書》之闕邪？

至《孝經》，雖名為經，其實傳也。儒者重夫子之遺言，則附之經部矣。馬融誠有志於勸忠，自以馬氏之說，援經微傳，縱橫反覆，極其言之所至可也。必標《忠經》，亦已異矣。乃至分章十八，引《風》綴《雅》，一一倣之，何殊張載之《擬四愁》，《七林》之仿《七發》

哉！誠哉非馬氏之書，俗儒所依託也。宋氏之《女孝經》，鄭氏之《女論語》，以謂女子有才，嘉尚其志可也。但彼如欲明女教，自以其意立說可矣。假設班氏惠姬，與諸女相問答，則是將以書為訓典，而先自託於子虛、亡是之流，使人何所適從？彼意取其似經傳耳，夫經豈可似哉？

原道上

　　自然，聖人有不得不然，其事同乎？曰：不同。道無所為而自然，聖人有所見而不得不然也。聖人有所見，故不得不然；眾人無所見，則不知其然而然。孰為近道？曰：不知其然而然，即道也。非無所見也，不可見也。不得不然者，聖人所以合乎道，非可即以為道也。聖人求道，道無可見，即眾人之不知其然而然，聖人所藉以見道者也。故不知其然而然，一陰一陽之跡也。學於聖人，斯為賢人。學於賢人，斯為君子。學於眾人，斯為聖人。非眾可學也，求道必於一陰一陽之跡也。自有天地，而至唐、虞、夏、商，跡既多而窮變通久之理亦大備。周公以天縱生知之聖，而適當積古留傳，道法大備之時，是以經綸制作，集千古之大成，則亦時會使然，非周公之聖智慧使之然也。蓋自古聖人，皆學於眾人之不知其然而然，而周公又遍閱於自古聖人之不得不然，而知其然也。周公固天縱生知之聖矣，此非周公智力所能也，時會使然也。譬如春夏秋冬，各主一時，而冬令告一歲之成，亦其時會使然，而非冬令勝於三時也。故創制顯庸之聖，千古所同也。集大成者，周公所獨也。時會適當時而然，周公亦不自知其然也。

　　孟子曰：「孔子之謂集大成。」今言集大成者為周公，毋乃悖於孟子之指歟？曰：集之為言，萃眾之所有而一之也。自有天地，而至唐、虞、夏、商，皆聖人而得天子之位，經綸治化，一出於道體之適然。周公成文、武之德，適當帝全王備，殷因夏監，至於無可復加之際，故得藉為制作典章，而以周道集古聖之成，斯乃所謂集大成也。孔子有德無位，即無從得制作之權，不得列於一成，安有大成可集乎？非孔子之聖，遜於周公也，時會使然也。孟子所謂集大成者者，乃對伯夷、伊尹、柳下惠而言之也。恐學者疑孔子之聖，與三子同，無所取譬，譬於作樂之大成也。故孔子大成之說，可以

對三子，而不可以盡孔子也。以之盡孔子，反小孔子矣。何也？周公集義、軒、堯、舜以來之大成，周公固學於歷聖而集之，無歷聖之道法，則固無以成其周公也。孔子非集伯夷、尹、惠之大成，孔子固未嘗學於伯夷、尹、惠，且無伯夷、尹、惠之行事，豈將無以成其孔子乎？夫孟子之言，各有所當而已矣，豈可以文害意乎？

原道中

後世服夫子之教者自六經，以謂六經載道之書也，而不知六經皆器也。《易》之為書，所以開物成務，掌於《春官》太卜，則固有官守而列於掌故矣。《書》在外史，《詩》領大師，《禮》自宗伯，樂有司成，《春秋》各有國史。三代以前，《詩》《書》六藝，未嘗不以教人，不如後世尊奉六經，別為儒學一門，而專稱為載道之書者。蓋以學者所習，不出官司典守，國家政教；而其為用，亦不出於人倫日用之常，是以但見其為不得不然之事耳，未嘗別見所載之道也。夫子述六經以訓後世，亦謂先聖先王之道不可見，六經即其器之可見者也。後人不見先王，當據可守之器而思不可見之道。故表章先王政教，與夫官司典守以示人，而不自著為說，以致離器言道也。夫子自述《春秋》之所以作，則云：「我欲託之空言，不如見諸行事之深切著明。」則政教典章，人倫日用之外，更無別出著述之道，亦已明矣。秦人禁偶語《詩》《書》，而云「欲學法令，以吏為師」。夫秦之悖於古者，禁《詩》《書》耳。至云學法令者，以吏為師，則亦道器合一，而官師治教，未嘗分歧為二之至理也。其後治學既分，不能合一，天也。官司守一時之掌故，經師傳授受之章句，亦事之出於不得不然者也。然而歷代相傳，不廢儒業，為其所守先王之道也。而儒家者流，守其六籍，以謂是特載道之書耳。夫天下豈有離器言道，離形存影者哉？彼捨天下事物、人倫日用，而守六籍以言道，則固不可與言夫道矣。

言公上

古人之言，所以為公也，未嘗矜於文辭，而私據為己有也。志期於道，言以明志，文以足言。其道果明於天下，而所志無不中，不必其言之果為我有也。《虞書》曰：「敷奏以言，明試以功。」此

以言語觀人之始也。必於試功而庸服，則所貴不在言辭也。誓誥之體，言之成文者也。苟足立政而敷治，君臣未嘗分居立言之功也……文與道為一貫，言與事為同條，猶八音相須而樂和，不可分屬一器之良也。五味相調而鼎和，不可標識一物之甘也。故曰：古人之言，所以為公也，未嘗矜於文辭，而私據為己有也。

司馬遷曰：「《詩》三百篇，大抵賢聖發憤所為作也。」是則男女慕悅之辭，思君懷友之所託也。征夫離婦之怨，忠國憂時之所寄也。必泥其辭，而為其人之實言，則《鴟鴞》實鳥之哀音，何怪鮒魚忿誚於莊周，《萇楚》樂草之無家，何怪雌風慨歎於宋玉哉？夫詩人之旨，溫柔而敦厚，主文而譎諫，言之者無罪，聞之者足戒，舒其所憤懣，而有裨於風教之萬一焉，是其所志也。因是以為名，則是爭於藝術之工巧，古人無是也。故曰：古人之言，所以為公也，未嘗矜於文辭，而私據為己有也。

夫子曰：「述而不作。」六藝皆周公之舊典，夫子無所事作也。《論語》則記夫子之言矣。「不恒其德」，證義巫醫，未嘗明著《易》文也。「不忮不求」之美季路，「誠不以富」之歎夷齊，未嘗言出於《詩》也。「允執厥中」之述堯言，「玄牡昭告」之述湯誓，未嘗言出於《書》也。《論語》記夫子之微言，而《詩》《書》初無識別，蓋亦述作無殊之旨也。（王伯厚常據古書出孔子前者，考證《論語》所記夫子之言，多有所本。古書或有偽託，不盡可憑，要之古人引用成說，不甚拘別。）夫子之言，見於諸家之稱述，（諸家不無真偽之參，而子思、孟子之書，所引精粹之言，亦多出於《論語》所不載。）而《論語》未嘗兼收，蓋亦詳略互託之旨也。夫六藝為文字之權輿，《論語》為聖言之薈粹，創新述故，未嘗有所庸心，蓋取足以明道而立教，而聖作明述，未嘗分居立言之功也。故曰：古人之言，所以為公也，未嘗矜其文辭，而私據為己有也。

周衰文弊，諸子爭鳴，蓋在夫子既歿，微言絕而大義之已乖也。然而諸子思以其學易天下，固將以其所謂道者，爭天下之莫可加，而語言文字，未嘗私其所出也。先民舊章，存錄而不為識別者，《幼官》《弟子》之篇，《月令》《土方》之訓是也。輯其言行，不必盡其身所論述者，管仲之述其身死後事，韓非之戴其李斯《駁議》是也。

《莊子》《讓王》《漁父》之篇，蘇氏謂之偽託；非偽託也，為莊氏之學者所附益爾。《晏子春秋》，柳氏以謂墨者之言。非以晏子為墨，為墨學者述晏子事，以名其書，猶孟子之《告子》《萬章》名其篇也。《呂氏春秋》，先儒與《淮南鴻烈》之解同稱，蓋謂集眾賓客而為之，不能自命專家，斯固然矣。然呂氏、淮南，未嘗以集眾為諱，如後世之掩人所長以為己有也。二家固以裁定之權，自命家言，故其宗旨，未嘗不約於一律斯又出於賓客之所不與也。諸子之奮起，由於道術既裂，而各以聰明才力之所偏，每有得於大道之一端，而遂欲以之易天下。其持之有故，而言之成理者，故將推衍其學術，而傳之其徒焉。苟足顯其術而立其宗，而援述於前，與附衍於後者，未嘗分居立言之功也。故曰：古人之言，所以為公也，未嘗矜其文辭，而私據為己有也。

夫子因魯史而作《春秋》，孟子曰「其事齊桓、晉文，其文則史」，孔子自謂竊取其義焉耳。載筆之士，有志《春秋》之業，固將惟義之求，其事與文，所以藉為存義之資也。世之譏史遷者，責其裁裂《尚書》《左氏》《國語》《國策》之文，以謂割裂而無當；世之譏班固者，責其孝武以前之襲遷書，以謂盜襲而無恥。此則全不通乎文理之論也。遷史斷始五帝，沿及三代、周、秦，使捨《尚書》《左》《國》，豈將為憑虛、亡是之作賦乎？必謂《左》《國》而下，為遷所自撰，則陸賈之《楚漢春秋》，高祖孝文之《傳》，皆遷之所採摭，其書後世不傳，而徒以所見之《尚書》《左》《國》，怪其割裂焉，可謂知一十而不知二五者矣。固書斷自西京一代，使孝武以前，不用遷史，豈將為經生決科之同題而異文乎？必謂孝武以後，為固之自撰，則馮商、揚雄之紀，劉歆、賈護之書，皆固之所原本，其書後人不見，而徒以所見之遷史，怪其盜襲焉，可謂知白出而不知黑入者矣。以載言為翻空歟？揚、馬詞賦，尤空而無實者也。馬、班不為文苑傳，藉是以存風流文采焉，乃述事之大者也。以敘事為徵實歟？年表傳目，尤實而無文者也。《屈賈》《孟荀》《老莊申韓》之標目，《同姓侯王》《異姓侯王》之分表，初無發明，而僅存題目，褒貶之意，默寓其中，乃立言之大者也。作史貴知其意，非同於掌故，僅求事文之末也。夫子曰：「我欲託之空言，不如見

諸行事之深切著明也。」此則史氏之宗旨也。苟足取其義而明其志，而事次文篇，未嘗分居立言之功也。故曰：古人之言，所以為公也，未嘗矜其文辭，而私據為己有也。

漢初經師，抱殘守缺，以其畢生之精力，發明前聖之緒言，師授淵源，等於宗支譜系；觀弟子之術業，而師承之傳授，不啻鳧鵠黑白之不可相淆焉，學者不可不盡其心也。公、穀之於《春秋》，後人以謂假設問答以闡其旨爾。不知古人先有口耳之授，而後著之竹帛焉，非如後人作經義，苟欲名家，必以著述為功也。商瞿受《易》於夫子，其後五傳而至田何。施、孟、梁丘，皆田何之弟子也。然自田何而上，未嘗有書，則三家之《易》，著於《藝文》，皆悉本於田何以上口耳之學也。是知古人不著書，其言未嘗不傳也。治韓《詩》者，不離齊、魯，傳伏《書》者，不知孔學；諸學章句訓詁，有專書矣。門人弟子，據引稱述，雜見傳紀章表者，不盡出於所傳之書也，而宗旨卒亦不背乎師說。則諸儒著述成書之外，別有微言緒論，口授其徒，而學者神明其意，推衍變化，著於文辭，不復辨為師之所詔，與夫徒之所衍也。而人之觀之者，亦以其人而定為其家之學，不復辨其孰為師說，孰為徒說也。蓋取足以通其經而傳其學，而口耳竹帛，未嘗分居立言之功也。故曰：古人之言，所以為公也，未嘗矜於文辭，而私據為己有也。

言公中

嗚呼！世教之衰也，道不足而爭於文，則言可得而私矣；實不充而爭於名，則文可得而矜矣。言可得而私，文可得而矜，則爭心起而道術裂矣。古人之言，欲以喻世；而後人之言，欲以欺世。非心安於欺世也，有所私而矜焉，不得不如是也。古人之言，欲以淑人；後人之言，欲以炫己。非古人不欲炫，而後人偏欲炫也，有所不足與不充焉，不得不如是也。孟子曰：「矢人豈不仁於函人哉？操術不可不慎也。」古人立言處其易，後人立言處其難。何以明之哉？古人所欲通者，道也。不得已而有言，譬如喜於中而不得不笑，疾被體而不能不呻，豈有計於工拙敏鈍，而勉強為之效法哉？若夫道之所在，學以趨之，學之所在，類以聚之，古人有言，先得我心之同然者，即我之言也。何也？其道同也。傳之其人，能得我說而變

通者，即我之言也。何也？其道同也。窮畢生之學問思辨於一定之
道，而上通千古同道之人以為之藉，下俟千古同道之人以為之輔，
其立言也，不易然哉？惟夫不師之智，務為無實之文，則不喜而強
為笑貌，無病而故為呻吟，已不勝其勞困矣；而況挾恐見破之私意，
竊據自擅之虛名，前無所藉，後無所援，處勢孤危而不可安也，豈
不難哉？夫外飾之言，與中出之言，其難易之數可知也。不欲爭名
之言，與必欲爭名之言，其難易之數，又可知也。通古今前後，而
相與公之之言，與私據獨得，必欲己出之言，其難易之數，又可知
也。立言之士，將有志於道，而從其公而易者歟？抑徒競於文，而
從其私而難者歟？公私難易之間，必有辨矣。嗚呼！安得知言之士，
而與之勉進於道哉？

　　古未有竊人之言以為己有者，伯宗梁山之對，既受無後之誚，
而且得蔽賢之罪矣。古未有竊人之文以為己有者，屈平屬草稿未定，
上官大夫見而欲奪，既思欺君，而且以讒友矣。竊人之美，等於竊
財之盜，老氏言之斷斷如也。其弊由於自私其才智，而不知歸公於
道也。向令伯宗薦肇者之賢，而用縞素哭祠之成說，是即伯宗與邦
之言也，功不止於梁山之事也。上官大夫善屈平而贊助所為憲令焉，
是即上官造楚之言也，功不止於憲令之善也。韓琦為相，而歐陽修
為翰林學士。或謂韓公無文章，韓謂：「琦相而用修為學士，天下文
章，孰大於琦？」嗚呼！若韓氏者，可謂知古人言公之旨矣。

　　竊人之所言，以為己有者，好名為甚，而爭功次之。功欺一時，
而名欺千古也。以己之所作，偽託古人者，奸利為甚，而好事次之；
好事則罪盡於一身，奸利則效尤而蔽風俗矣。齊丘竊《化書》於譚
峭，郭象竊《莊》注於向秀，君子以謂偽薄無行矣。作者如有知，
但欲其說顯白於天下，而不必明之自我也。然而不能不惻心於竊之
者，蓋穿窬肤篋之智，必有竄易更張以就其掩著，而因以失其本指
也。劉炫之《連山》，梅賾之《古文尚書》，應詔入獻，將以求祿利
也。侮聖人之言，而竊比河間、河內之蒐討，君子以為罪不勝誅矣。
夫墳典既亡，而作偽者之搜輯補苴，（如古文之採輯逸書，散見於記
傳者，幾無遺漏。）亦未必無什一之存也。然而不能不深惡於作偽
者，遺篇逸句，附於闕文，而其義猶存；附會成書，而其義遂亡也。

向令易作偽之心力，而以採輯補綴為己功，則功豈下於河間之《禮》，河內之《書》哉？（王伯厚之《三家詩考》，吳草廬之《逸禮》，生於宋、元之間，去古浸遠，而尚有功於經學。六朝古書不甚散亡，其為功，較之後人必更易為力，惜乎計不出此，反藉以作偽。）郭象《秋水》《達生》之解義，非無精言名理可以為向之亞也；向令推闡其旨，與秀之所注相輔而行，觀者亦不辨其孰向孰郭也，豈至遽等穿窬之術哉？不知言公之旨，而欲自私自利以為功，大道隱而心術不可復問矣。

學者莫不有志於不朽，而抑知不朽固自有道乎？言公於世，則書有時而亡，其學不至遽絕也。蓋學成其家，而流衍者長，觀者考求而能識別也。孔氏古文雖亡，而史遷問故於安國，今遷書具存，而孔氏之《書》，未盡亡也。韓氏之《詩》雖亡，而許慎治《詩》兼韓氏；今《說文》具存，而韓嬰之《詩》，未盡亡也。劉向《洪範五行傳》，與《七略別錄》雖亡，而班固史學出劉歆；今《五行》《藝文》二志具存，而劉氏之學未亡也。亦有後學託之前修者，褚少孫之藉靈於馬遷，裴松之之依光於陳壽，非緣附驥，其力不足自存也。又有道同術近，其書不幸亡逸，藉同道以存者，《列子》殘闕，半述於莊生，楊朱書亡，多存於《韓子》；蓋莊、列同出於道家，而楊朱為我，其術自近名法也。又有才智自騁，未足名家，有道獲親，幸存斧琢之質者，告子杞柳湍水之辨，藉孟子而獲傳；惠施白馬三足之談，因莊生而遂顯；雖為射者之鵠，亦見不羈之才，非同泯泯也。又有瑣細之言，初無高論，而幸入會心，竟垂經訓。孺子濯足之歌，通於家國；時俗苗碩之諺，證於身心。其喻理者，即淺可深；而獲存者，無俗非雅也。凡若此者，非必古人易而後人難也，古人巧而後人拙也，古人是而後人非也，名實之勢殊，公私之情異，而有意於言與無意於言者，不可同日語也。故曰：無意於文而文存，有意於文而文亡。

今有細民之訟，兩造具辭，有司受之，必據其辭而賞罰其直枉焉。所具之辭，豈必鄉曲細民能自撰哉？而曲直賞罰，不加為之辭者，而加之訟者，重其言之之意，而言固不必計其所出也。塋田隴畝，祠廟宗支，履勘碑碣，不擇鄙野，以謂較論曲直，捨是莫由得

其要焉。豈無三代鍾鼎，秦、漢石刻，款識奇古，文字雅奧，為後世所不可得者哉？取辨其事，雖庸而不可廢；無當於事，雖奇而不足爭也。然則後之學者，求工於文字之末，而欲據為一己之私者，其亦不足與議於道矣。

或曰：指遠辭文，《大傳》之訓也。辭遠鄙倍，賢達之言也。「言之不文，行之不遠」，辭之不可以已也。今曰求工於文字之末者非也，其何以為立言之則歟？曰：非此之謂也。《易》曰：「修辭立其誠。」誠不必於聖人至誠之極致，始足當於修辭之立也。學者有事於文辭，毋論辭之如何，其持之必有其故，而初非徒為文具者，皆誠也。有其故，而修辭以副焉，是其求工於是者，所以求達其誠也。「《易》奇而法，《詩》正而葩」，「《易》以道陰陽」，《詩》以道性情也。其所以修而為奇與葩者，則固以謂不如是，則不能以顯陰陽之理與性情之發也。故曰：非求工也。無其實而有其文，即六藝之辭，猶無所取，而況其他哉？

聖人之言，賢人述之，而或失其指。賢人之言，常人述之，而或失其指。人心不同，如其面焉。而曰言託於公，不必盡出於己者，何也？蓋謂道同而德合，其究終不至於背馳也。且賦詩斷章，不當若自其口出，而本指有所不拘也。引言互辨，與其言意或相反，而古人並存不廢也。前人有言，後人援以取重焉，是同古人於己也。前人有言，後人從而擴充焉，是以己附古人也。仁者見仁，知者見知，言之從同而異，從異而同者，殆如秋禽之毛，不可遍舉也。是以後人述前人，而不廢前人之舊也。以為並存於天壤，而是非失得，自聽知者之別擇，乃其所以為公也。君子惡夫盜人之言，而遽鏟去其跡，以遂掩著之私也。若夫前人已失其傳，不得已而取裁後人之論述，是乃無可如何，譬失祀者，得其族屬而主之，亦可通其魂魄爾。非喻言公之旨，不足以知之。

言公下

上窺作者之指，下挹時流之撰。口耳之學既微，竹帛之功斯顯……推言公之宗旨，得吾道之一貫。惟日用而不知，鴟炙忘乎飛彈。試一攬夫沿流，蔚春畦之蒐舊。

　　別有辭人點竄，略仿史刪。（因襲成文，或稍加點竄，惟史家義例有然。詩文集中，本無此例。間有同此例者，大有神奇臭腐之別，不可不辨。）鳳困荊墟，悲迷陽於南國；（莊子改《鳳兮歌》。）《鹿鳴》萍野，誦宵《雅》於《東山》。（魏武用《小雅》詩。）女蘿薜荔，陌上演山鬼之辭；綺紓流黃，狹斜襲婦豔之故。（樂府《陌上桑》與《三婦豔》之辭也。）梁人改《隴頭》之歌，（增減古辭為之。）韓公刪《月蝕》之句，（刪改盧仝之詩。）豈惟義取斷章，不異賓筵奏賦。（歌古人詩，見己意也。）以至河分岡勢，乃聯春草青痕；（宋詩僧用唐句。）積雨空林，爰入水田白鷺。譬之古方今效，神加減於刀圭；趙壁漢師，變旌旗於節度。藝林自有雅裁，條舉難窮其數者也。苟為不然，效出於尤。仿《同谷》之七歌，（宋後詩人頗多。）擬河間之《四秋》，（傅玄、張載，尚且為之，大可駭怪。）非由中以出話，如隨聲而助謳。直是孩提學語，良為有識所羞者矣。（點竄之公。）

　　又有詩人流別，懷抱不同。變韻言兮裁文體，擬古事兮達私衷。旨原諸子之寓辭，文人沿襲而成風；後人不得其所自，因疑作偽而相攻。蓋傷心故國，斯傳塞外之書；（李陵《答蘇武書》，自劉知幾以後，眾口一辭，以為偽作。以理推之，偽者何所取乎？當是南北朝時，有南人羈北，而事類李陵，不忍明言者，擬此書以見志耳。）灰志功名，乃託河邊之喻；（世傳鬼谷子《與蘇秦張儀書》，言河邊之樹，處非其地，故招剪伐，託喻以招二子歸隱，疑亦功高自危之人所託言也。）讀者以意逆志，不異騷人之賦。（出之本人，其意反淺，出之擬作，其意甚深，同於騷也。）其後詞科取士，用擬文為掌故。莊嚴則詔誥章表，威猛則文檄露布。作頌準於王褒，著論裁於賈傅。茲乃為矩為規，亦趨亦步。庶幾他有心而予忖，亦足闡幽微而互著。（擬文之公。）

　　又如文人假設，變化不拘。《詩》通比興，《易》擬象初。莊入巫咸之座，屈造詹尹之廬。楚太子疾，有客來吳。烏有、子虛之徒，爭談於較獵；憑虛、安處之屬，講議於京都。《解嘲》《客難》《賓戲》之篇衍其緒，鏡機、玄微、沖漠之類溶其途。此則寓言十九，詭說萬殊者也。乃其因事著稱，緣人生義。譬若酒襲杜康之名，錢用鄧

通之字。空槐落火，桓溫發歎于仲文之遷；（庾信《枯樹賦》所借用者。其實殷仲文遷東陽，在桓溫久卒之後。）素月流天，王粲抽毫於應、劉之逝。（謝莊《月賦》所借用者，其實王粲卒於應、劉之前。）斯則善愁即為宋玉，豈必楚廷？曠達自是劉伶，何論晉世？善讀古人之書，尤貴心知其意。愚者介介而爭，古人不以為異也已。（假設之公。）

史德

　　才、學、識三者，得一不易，而兼三尤難，千古多文人而少良史，職是故也。昔者劉氏子玄，蓋以是說謂足盡其理矣。雖然，史所貴者義也，而所具者事也，所憑者文也。孟子曰：「其事則齊桓、晉文，其文則史，義則夫子自謂竊取之矣。」非識無以斷其義，非才無以善其文，非學無以練其事，三者固各有所近也，其中固有似之而非者也。記誦以為學也，辭采以為才也，擊斷以為識也，非良史之才、學、識也。雖劉氏之所謂才、學、識，猶未足以盡其理也。夫劉氏以謂有學無識，如愚估操金，不解貿化。推此說以證劉氏之指，不過欲於記誦之間，知所決擇，以成文理耳。故曰：古人史取成家，退處士而進奸雄，排死節而飾主闕，亦曰一家之道然也。此猶文士之識，非史識也。能具史識者，必知史德。德者何？謂著書者之心術也。夫穢史者所以自穢，謗書者所以自謗，素行為人所羞，文辭何足取重。魏收之矯誣，沈約之陰惡，讀其書者，先不信其人，其患未至於甚也。所患夫心術者，謂其有君子之心，而所養未底於粹也。夫有君子之心，而所養未粹，大賢以下，所不能免也。此而猶患於心術，自非夫子之《春秋》，不足當也。以此責人，不亦難乎？是亦不然也。蓋欲為良史者，當慎辨於天人之際，盡其天而不益以人也。盡其天而不益以人，雖未能至，苟允知之，亦足以稱著述者之心術矣。而文史之儒，競言才、學、識，而不知辨心術以議史德，烏乎可哉？

今按，劉子玄的「三長論」可以圖示如下：

　　　事──齊桓晉文──非學無以練其事──學──記誦……偏於歷史（考據）

　　　文──史　　　──非才無以善其文──才──辭采……偏於
文學（辭章）
　　　義──夫子竊取──非識無以斷其義──識──繫斷……偏於
哲學（義理）

此論可以與辨偽學相通，詳後。章學誠認為，還要「辨心術以議史德」，雖然有理，是誠偽之辨，與文獻辨偽學在深層相通，表面上稍微隔了一層。

史注

　　　魏、晉以來，著作紛紛，前無師承，後無從學。且其為文也，體既濫漫，絕無古人筆削謹嚴之義；旨復淺近，亦無古人隱微難喻之故；自可隨其詣力，孤行於世耳。至於史籍之掌，代有其人，而古學失傳，史存具體。惟於文誥案牘之類次，月日記注之先後，不勝擾擾，而文亦繁蕪複沓，盡失遷、固之舊也。是豈盡作者才力之不逮，抑史無注例，其勢不得不日趨於繁富也。古人一書，而傳者數家。後代數人，而共成一書。夫傳者廣，則簡盡微顯之法存。作者多，則牴牾複沓之弊出。復流而日忘其源，古學如何得復，而史策何從得簡乎？是以《唐書》倍漢，《宋史》倍唐，檢閱者不勝其勞，傳習之業，安得不亡？

　　　夫文史之籍，日以繁滋，一編刊定，則徵材所取之書，不數十年，嘗失亡其十之五六，宋、元修史之成規，可復按焉。使自注之例得行，則因援引所及，而得存先世藏書之大概，因以校正藝文著錄之得失，是亦史法之一助也。且人心日漓，風氣日變，缺文之義不聞，而附會之習，且愈出而愈工焉。在官修書，惟冀塞責，私門著述，敬飾浮名，或剽竊成書，或因陋就簡。使其術稍黠，皆可愚一時之耳目，而著作之道益衰。誠得自注以標所去取，則聞見之廣狹，功力之疏密，心術之誠偽，灼然可見於開卷之頃，而風氣可以漸復於質古，是又為益之尤大者也。然則考之往代，家法既如彼；揆之後世，係重又如此；夫翰墨省於前，而功效多於舊，孰有加於自注也哉？

朱陸

　　　告子曰：「不得於言，勿求於心；不得於心，勿求於氣。」不動

心者，不求義之所安，此千古墨守之權輿也。是非之心，人皆有之。不能充之以義理，而又不受人之善，此墨守之似告子也。然而藉人之是非以為是非，不如告子之自得矣。

　　古人著於竹帛，皆其宣於口耳之言也。言一成而人之觀者，千百其意焉，故不免於有向而有背。今之黠者則不然，以其所長，有以動天下之知者矣。知其所短，不可以欺也，則似有不屑焉。徙澤之蛇，且以小者神君焉。其遇可以知而不必且為知者，則略其所長，以為未可與言也；而又飾所短，以為無所不能也。雷電以神之，鬼神以幽之，鍵籥以固之，標幟以市之，於是前無古人，而後無來者矣。天下知者少，而不必且為知者之多也；知者一定不易，而不必且為知者之千變無窮也；故以筆信知者，而以舌愚不必深知者，天下由是靡然相從矣。夫略所短而取其長，遺書具存，強半皆當遵從而不廢者也。天下靡然從之，何足忌哉！不知其口舌遺屬，深入似知非知之人心，去取古人，任愒衰而害於道也……其人於朱子蓋已飲水而忘源；及筆之於書，僅有微辭隱見耳，未敢居然斥之也。此其所以不見惡於真知者也。而不必深知者，習聞口舌之間，肆然排詆而無忌憚，以謂是人而有是言，則朱子真不可以不斥也。故趨其風者，未有不以攻朱為能事也。非有惡於朱也，懼其不類於是人，即不得為通人也。夫朱子之授人口實，強半出於《語錄》。《語錄》出於弟子門人世記，未必無失初旨也。然而大旨實與所著之書相表裏，則朱子之著於竹帛，即其宣於口耳之言。是表裏如一者，古人之學也。即以是義責其人，亦可知其不如朱子遠矣，又何爭於文字語言之末也哉！

文德

　　凡言義理，有前人疏而後人加密者，不可不致其思也。古人論文，惟論文辭而已矣。劉勰氏出，本陸機氏說而昌論文心；蘇轍氏出，本韓愈氏說而昌論文氣；可謂愈推而愈精矣。未見有論文德者，學者所宜於深省也。夫子嘗言「有德必有言」，又言「修辭立其誠」，孟子嘗論「知言」「養氣」，本乎集義，韓子亦言，「仁義之途」，《詩》《書》之源」，皆言德也。今云未見論文德者，以古人所言，皆兼本末，包內外，猶合道德文章而一之；未嘗就文辭之中言其有才，有

學，有識，又有文之德也。凡為古文辭者，必敬以恕。臨文必敬，非修德之謂也。論古必恕，非寬容之謂也。敬非修德之謂者，氣攝而不縱，縱必不能中節也。恕非寬容之謂者，能為古人設身而處地也。嗟乎！知德者鮮，知臨文之不可無敬恕，則知文德矣。

韓氏論文，「迎而拒之，平心察之」。喻氣於水，言為浮物。柳氏之論文也，「不敢輕心掉之」，「怠心易之」，「矜氣作之」，「昏氣出之」。夫諸賢論心論氣，未即孔、孟之旨，及乎天人、性命之微也。然文繁而不可殺，語變而各有當。要其大旨則臨文主敬，一言以蔽之矣。主敬則心平，而氣有所攝，自能變化從容以合度也。夫史有三長，才、學、識也。古文辭而不由史出，是飲食不本於稼穡也。夫識生於心也，才出於氣也。學也者，凝心以養氣，煉識而成其才者也。心虛難恃，氣浮易弛。主敬者，隨時檢攝於心氣之間，而謹防其一往不收之流弊也。夫緝熙敬止，聖人所以成始而成終也，其為義也廣矣。今為臨文，檢其心氣，以是為文德之敬而已爾。

文理

韓退之曰：「記事者必提其要，纂言者必鉤其玄。」其所謂鉤玄提要之書，不特後世不可得而聞，雖當世籍、湜之徒，亦未聞其有所見，果何物哉？蓋亦不過尋章摘句，以為撰文之資助耳。此等識記，古人當必有之。如左思十稔而賦《三都》，門庭藩溷，皆著紙筆，得即書之。今觀其賦，並無奇思妙想，動心駭魄，當藉十年苦思力索而成。其所謂得即書者，亦必標書志義，先掇古人菁英，而後足以供驅遣爾。然觀書有得，存乎其人，各不相涉也。故古人論文，多言讀書養氣之功，博古通經之要，親師近友之益，取材求助之方，則其道矣。至於論及文辭工拙，則舉隅反三，稱情比類，如陸機《文賦》，劉勰《文心雕龍》，鍾嶸《詩品》，或偶舉精字善句，或品評全篇得失，令觀之者得意文中，會心言外，其於文辭思過半矣。至於不得已而摘記為書，標識為類，是乃一時心之所會，未必出於其書之本然。比如懷人見月而思，月豈必主遠懷？久客聽雨而悲，雨豈必有愁況？然而月下之懷，雨中之感，豈非天地至文？而欲以此感此懷，藏為秘密，或欲嘉惠後學，以謂凡對明月與聽霖雨，必須用此悲感，方可領略，則適當良友乍逢，及新昏宴爾之人，必不信矣。

是以學文之事，可授受者規矩方圓；其不可授受者心營意造。至於纂類摘比之書，標識評點之冊，本為文之末務，不可揭以告人，只可用以自志。父不得而與子，師不得以傳弟。蓋恐以古人無窮之書，而拘於一時有限之心手也。

文集

集之興也，其當文章升降之交乎？古者朝有典謨，官存法令，風詩採之閭里，敷奏登之廟堂，未有人自為書，家存一說者也。自治學分途，百家風起，周、秦諸子之學，不勝紛紛；識者已病道術之裂矣。然專門傳家之業，未嘗欲以文名，苟足顯其業，而可以傳授於其徒，（諸子俱有學徒傳授，《管》《晏》二子書，多記其身後事，《莊子》亦記其將死之言，《韓非・存韓》之終以李斯駁議，皆非本人所撰，蓋為其學者，各據聞見而附益之爾。）則其說亦遂止於是，而未嘗有參差龐雜之文也。兩漢文章漸富，為著作之始衰。然賈生奏議，編入《新書》；（即《賈子書》。唐《集賢書目》始有《新書》之名。）相如詞賦，但記篇目：（《藝文志》《司馬相如賦》二十九篇，次《屈原賦》二十五篇之後，而敘錄總云，《詩賦》一百六家，一千三百一十八篇。蓋各為一家言，與《離騷》等。）皆成一家之言，與諸子未甚相遠，初未嘗有匯次諸體，裒焉而為文集者也。自東京以降，訖乎建安、黃初之間，文章繁矣。然范、陳二史，（《文苑傳》始於《後漢書》。）所次文士諸傳，識其文筆，皆云所著詩、賦、碑、箴、頌、誄若干篇，而不云文集若干卷，則文集之實已具，而文集之名猶未立也。（《隋志》：「別集之名，《東京》所創。」蓋未深考。）自摯虞創為《文章流別》，學者便之，於是別聚古人之作，標為別集；則文集之名，實仿於晉代。（陳壽定《諸葛亮集》二十四篇，本云《諸葛亮故事》，其篇目載《三國志》，亦子書之體。而《晉書・陳壽傳》云，定《諸葛集》，壽於目錄標題，亦稱《諸葛氏集》，蓋俗誤云。）而後世應酬牽率之作，決科俳優之文，亦汎濫橫裂，而爭附別集之名，是誠劉《略》所不能收，班《志》所無可附。而所為之文，亦矜情飾貌，矛盾參差，非復專門名家之語無旁出也。夫治學分而諸子出，公私之交也。言行殊而文集興，誠偽之判也。勢屢變則屢卑，文愈繁則愈亂。苟有好學深思之士，因文以求立言之質，因散而求

會同之歸，則三變而古學可興。惜乎循流者忘源，而溺名者喪實，二缶猶且以鍾惑，況滔滔之靡有底極者。

篇卷

《易》曰：「艮其輔，言有序。」《詩》曰：「出言有章。」古人之於言，求其有章有序而已矣。著之於書，則有簡策。標其起訖，是曰篇章。孟子曰：「吾於《武城》，取二三策而已矣。」是連策為篇之證也。《易·大傳》曰：「二篇之策，萬有一千五百二十。」是首尾為篇之證也。左氏引《詩》，舉其篇名，而次第引之，則曰某章云云。是篇為大成，而章為分闋之證也。要在文以足言，成章有序，取其行遠可達而已。篇章簡策，非所計也。後世文字繁多，爰有校讎之學。而向、歆著錄，多以篇卷為計。大約篇從竹簡，卷從縑素，因物定名，無他義也。而縑素為書，後於竹簡，故周、秦稱篇，入漢始有卷也。第彼時竹素並行，而名篇必有起訖；卷無起訖之稱，往往因篇以為之卷；故《漢志》所著幾篇，即為後世幾卷，其大較也。然《詩經》為篇三百，而為卷不過二十有八；《尚書》《禮經》，亦皆卷少篇多，則又知彼時書入縑素，亦稱為篇。篇之為名，專主文義起訖，而卷則繫乎緕帛短長，此無他義，蓋取篇之名書，古於卷也。故異篇可以同卷，而分卷不聞用以標起訖。至班氏《五行》之志、《元後》之傳，篇長卷短，則分子卷。是篇不可易，而卷可分合也。嗣是以後，訖於隋、唐，書之計卷者多，計篇者少。著述諸家，所謂一卷，往往即古人之所謂一篇；則事隨時變，人亦出於不自知也。惟司馬彪《續後漢志》，八篇之書，分卷三十，割篇徇卷，大變班書子卷之法，作俑唐、宋史傳，失古人之義矣。

至於其間名小異而實不異者，道書稱弓，即卷之別名也，元人《說郛》用之。蒯通《雋永》稱首，則章之別名也，梁人《文選》用之。此則標新著異，名實故無傷也。唐、宋以來，卷軸之書，又變而為紙冊；則成書之易，較之古人，蓋不啻倍蓰已也。古人所謂簡帙繁重，不可合為一篇者，今則再倍其書，而不難載之同冊矣。故自唐以前，分卷甚短。六朝及唐人文集，所為十卷，今人不過三四卷也。自宋以來，分卷遂長。以古人卷從卷軸，勢自不能過長；後人紙冊為書，不過存卷之名，則隨其意之所至，不難巨冊以載也。

以紙冊而存縑素為卷之名，亦猶漢人以縑素而存竹簡為篇之名，理本同也。然篇既用以計文之起訖矣，是終古不可改易，雖謂不從竹簡起義可也。卷則限於軸之長短，而並無一定起訖之例。今既不用縑素而用紙冊，自當量紙冊之能勝而為之界。其好古而標卷為名，從質而標冊為名，自無不可；不當又取卷數與冊本，故作參差，使人因卷尋篇，又復使人挾冊求卷，徒滋擾也。夫文之繁省起訖，不可執定；而方策之重，今又不行；（古人寂寥短篇，亦可自為一書，孤行於世。蓋方策體重，不如後世片紙，難為一書也。）則篇自不能孤立，必依卷以連編，勢也。卷非一定而不可易，既欲包篇以合之，又欲破冊而分之，使人多一檢索於離合之外，又無關於義例焉，不亦擾擾多事乎？故著書但當論篇，不當計卷。（卷不關於文之本數，篇則因文計數者也。故以篇為計，自不憂其有闕卷，以卷為計，不能保其無闕篇也。）必欲計卷，聽其量冊短長，而為銓配可也。不計所載之冊，而銖銖分卷，以為題籤著錄之美觀，皆是泥古而忘實者也。《崇文》《宋志》間有著冊而不詳卷者。明代《文淵閣目》則但計冊而無卷矣。是雖著錄之闕典，然使卷冊苟無參差，何至有此弊也。

師說

經師授受，章句訓詁；史學淵源，筆削義例；皆為道體所該。古人「書不盡言，言不盡意」。竹帛之外，別有心傳，口耳轉受，必明所自，不啻宗支譜系不可亂也。此則必從其人而後受，苟非其人，即已無所受也，是不可易之師也。學問專家，文章經世，其中疾徐甘苦，可以意喻，不可言傳。此亦至道所寓，必從其人而後受，不從其人，即已無所受也，是不可易之師也。苟如是者，生則服勤，左右無方，沒則尸祝俎豆，如七十子之於孔子可也。至於講習經傳，旨無取於別裁；斧正文辭，義未見其獨立；人所共知共能，彼偶得而教我；從甲不終，不妨去而就乙；甲不我告，乙亦可詢；此則不究於道，即可易之師也。雖學問文章，亦末藝耳。其所取法，無異梓人之甓琢雕，紅女之傳絺繡，以為一日之長，拜而禮之，隨行隅坐，愛敬有加可也。必欲嚴昭事之三，而等生身之義，則責者固，而施者亦不由衷矣。

感遇

　　古者官師政教出於一……韓非致慨於《說難》，曼倩託言於諧隱，蓋知非學之難，而所以中其學者難也。然而韓非卒死於說，而曼倩尚畜於俳，何也？一則露鍔而遭忌，一則韜鋒而幸全也。故君子不難以學術用天下，而難於所以用其學術之學術。古今時異勢殊，不可不辨也。古之學術簡而易，問其當否而已矣。後之學術曲而難，學術雖當，猶未能用，必有用其學術之學術，而其中又有工拙焉。身世之遭遇，未責其當否，先責其工拙。學術當而趨避不工，見擯於當時；工於遇而執持不當，見譏於後世。溝壑之患逼於前，而工拙之效驅於後……中人之情，樂易而畏難，喜同而惡異，聽其言而不察其言之所謂者，十常八九也。有賤丈夫者，知其遇合若是之難也，則又捨其所長，而強其所短，力趨風尚，不必求愜於心，風尚豈盡無所取哉？其開之者，嘗有所為；而趨之者，但襲其偽也。夫雅樂不亡於下里，而亡於鄭聲，鄭聲工也。良苗不壞於蒿萊，而壞於莠草，莠草似也。學術不喪於流俗，而喪於偽學，偽學巧也。天下不知學術，未嘗不虛其心以有待也。偽學出，而天下不復知有自得之真學焉。此孔子之所以惡鄉愿，而孟子之所為深嫉似是而非也。然而為是偽者，自謂所以用其學術耳。

辨似

　　夫言所以明理，而文辭則所以載之之器也。虛車徒飾，而主者無聞，故溺於文辭者，不足與言文也。《易》曰：「物相雜，故曰文。」又曰：「其旨遠，其辭文。」《書》曰：「政貴有恆，辭尚體要。」《詩》曰：「辭之輯矣，民之洽矣。」《記》曰：「毋勦說，毋雷同，則古昔，稱先王。」傳曰：「辭達而已矣。」曾子曰：「出辭氣，斯遠鄙倍矣。」經傳聖賢之言，未嘗不以文為貴也。蓋文固所以載理，文不備，則理不明也。且文亦自有其理，妍媸好醜，人見之者，不約而有同然之情，又不關於所載之理者，即文之理也。故文之至者，文辭非其所重爾，非無文辭也。而陋儒不學，猥曰「工文則害道」。故君子惡夫似之而非者也。

　　陸士衡曰：「雖杼軸於予懷，怵他人之我先；苟傷廉而愆義，亦

雖愛而必捐。」蓋言文章之士，極其心之所得，常恐古人先我而有是言；苟果與古人同，便為傷廉怨義，雖可愛之甚，必割之也。韓退之曰：「惟古於文必己出，降而不能乃剽襲。」亦此意也。立言之士，以意為宗，蓋與辭章家流不同科也。人同此心，心同此理。宇宙遼擴，故籍紛揉，安能必其所言古人皆未言邪？此無傷者一也。人心又有不同，如其面焉。苟無意而偶同，則其委折輕重，必有不盡同者，人自得而辨之。此無傷者二也。著書宗旨無多，其言則萬千而未有已也，偶與古人相同，不過一二，所不同者，足以概其偶同。此無傷者三也。吾見今之立言者，本無所謂宗旨，引古人言而申明之，申明之旨，則皆古人所已具也。雖然，此則才弱者之所為，人一望而知之，終歸覆瓿，於事固無所傷也。乃有點者，易古人之貌，而襲其意焉。同時之人有創論者，申其意而諱所自焉。或聞人言其所得，未筆於書，而遽竊其意以為己有；他日其人自著為書，乃反出其後焉。且其私智小慧，足以彌縫其隙，使人瞢然莫辨其底蘊焉。自非為所竊者覿面質之，且窮其所未至，其欺未易敗也。又或同其道者，亦嘗究心反覆，勘其本末，其隱始可攻也。然而盜名欺世，已非一日之屬矣。而當時之人，且曰某甲之學，不下某氏，某甲之業，勝某氏焉。故君子惡夫似之而非者也。

萬世取信者，夫子一人而已。夫子之言不一端，而賢者各得其所長，不肖者各誤於所似。「誨人不倦」，非瀆蒙也。「予欲無言」，非絕教也。「好古敏求」，非務博也。「一以貫之」，非遺物也。蓋一言而可以無所不包，雖夫子之聖，亦不能也。得其一言，不求是而求似，賢與不肖，存乎其人，夫子之所無如何也。孟子善學孔子者也。夫子言仁知，而孟子言仁義，夫子為東周，而孟子王齊、梁；夫子「信而好古」，孟子乃曰：「盡信書，則不如無書。」而求孔子者，必自孟子也。故得其是者，不求似也。求得似者，必非其是者也。然而天下之誤於其似者，皆曰吾得其是矣。

說林

道，公也。學，私也。君子學以致其道，將盡人以達於天也。人者何？聰明才力，分於形氣之私者也。天者何？中正平直，本於

自然之公者也。故曰道公而學私。

　　道同而術異者，韓非有《解老》《喻老》之書，《列子》有《楊朱》之篇，墨者述晏嬰之事，作用不同，而理有相通者也。術同而趣異者，子張難子夏之交，荀卿非孟子之說，張儀破蘇秦之從，宗旨不殊，而所主互異者也。

　　文辭非古人所重，草創討論，修飾潤色，固已合眾力而為辭矣。期於盡善，不期於矜私也。丁敬禮使曹子建潤色其文，以謂後世誰知定吾文者，是有意於欺世也。存其文而兼存與定之善否，是使後世讀一人之文，而獲兩善之益焉，所補豈不大乎？

　　司馬遷襲《尚書》《左》《國》之文，非好同也，理勢之不得不然也。司馬遷點竄《尚書》《左》《國》之文，班固點竄司馬遷之文，非好異也，理勢之不得不然也。有事於此，詢人端末，豈必責其親聞見哉？張甲述所聞於李乙，豈盜襲哉？人心不同，如其面也。張甲述李乙之言，而聲容笑貌，不能盡為李乙，豈矯異哉？

　　諸子體例不明，文集各私撰者，而一人之史，鮮有知之者矣。

　　弟子承師說而著書，友生因諮訪而立解，後人援古義而敷言，不必諱其所出，亦自無愧於立言者也。

　　陳琳為曹洪作書上魏太子，言破賊之利害，此意誠出曹洪，明取陳琳之辭，收入曹洪之集可也。今云：「欲令陳琳為書，琳頃多事，故竭老夫之思。」又云：「怪乃輕其家邱，謂為倩人。」此掩著之醜也，不可入曹洪之集矣。

　　諸子一家之宗旨，文體峻潔，而可參他人之辭。文集，雜撰之統匯，體制兼該，而不敢入他人之筆。其故何耶？蓋非文采辭致，不如諸子；而志識卓然，有其離文字而自立於不朽者，不敢望諸子也。果有卓然成家之文集，雖入他人之代言，何傷乎！

　　莊周《讓王》《漁父》諸篇，辨其為真為贗；屈原《招魂》《大招》之賦，爭其為玉為瑤；固矣夫！文士之見也。

　　醴泉，水之似醴者也。天下莫不飲醴，而獨恨不得飲醴泉，甚矣！世之貴夫似是而非者也。

　　著作之體，援引古義，襲用成文，不標所出，非為掠美，體勢有所不暇及也。亦必視其志識之足以自立，而無所藉重於所引之言；

且所引者，並懸天壤，而吾不病其重見焉，乃可語於著作之事也。考證之體，一字片言，必標所出。所出之書，或不一二而足，則必標最初者。（譬如馬、班並有，用馬而不用班。）最初之書既亡，則必標所引者。（譬如劉向《七略》既亡，而部次見於《漢·藝文志》，阮孝緒《七錄》既亡，而闕目見於《隋·經籍志》注。則引《七略》《七錄》之文，必云《漢志》《隋注》。）乃是慎言其餘之定法也。書有並見，而不數其初，陋矣。引用逸書而不標所出，（使人觀其所引，一似逸書猶存。）罔矣。以考證之體，而妄援著作之義，以自文其剽竊之私焉，謬矣。

人之有能有不能者，無論凡庶聖賢，有所不免者也。以其所能而易其不能，則所求者，可以無弗得也。主義理者拙於辭章，能文辭者疏於徵實，三者交譏而未有已也。義理存乎識，辭章存乎才，徵實存乎學，劉子玄所以三長難兼之論也。一人不能兼，而諮訪以為功，未見古人絕業不可復紹也。私心據之，惟恐名之不自我擅焉，則三者不相為功，而且以相病矣。

風尚所趨，必有其弊，君子立言以救弊，歸之中正而已矣。

「喪欲速貧，死欲速朽」，有子以謂非君子之言；然則有為之言，不同正義，聖人有所不能免也。今之泥文辭者，不察立言之所謂，而遽斷其是非，是欲責人才過孔子也。

荀子著《性惡》，以謂聖人為之「化性而起偽」。偽於六書，人為之正名也。荀卿之意，蓋言天質不可恃，而學問必藉於人為，非謂虛誕欺罔之偽也。而世之罪荀卿者，以謂誣聖為欺詐，是不察古人之所謂，而遽斷其是非也。

諸子著書，承用文字，各有主義，如軍中之令，官司之式，自為律例，其所立之解，不必彼此相通也。屈平之靈修，莊周之因是，韓非之參伍，鬼谷之揣闔。蘇張之縱衡，皆移置他人之書而莫知其所謂者也。（佛家之根、塵、法、相，法律家之以、準、皆、各、及、其、即、若，皆是也。）

漢儒傳經貴專門，專門則淵源不紊也。其弊專己守殘，而失之陋。劉歆《七略》，論次諸家流別，而推《官禮》之遺焉，所以解專陋之瘤屬也。唐世修書置館局，館局則各效所長也。其弊則漫無統

紀，而失之亂。劉知幾《史通》，揚榷古今利病，而立法度之準焉，所以治散亂之瘭屬也。學問文章，隨其風尚所趨，而瘭屬時作者，不可不知檳榔犀角之用也。

漢儒傳經貴專門，專門則淵源不紊也。其弊專己守殘，而失之陋。劉歆《七略》，論次諸家流別，而推《官禮》之遺焉，所以解專陋之瘭屬也。唐世修書置館局，館局則各效所長也。其弊則漫無統紀，而失之亂。劉知幾《史通》，揚榷古今利病，而立法度之準焉，所以治散亂之瘭屬也。學問文章，隨其風尚所趨，而瘭屬時作者，不可不知檳榔犀角之用也。

所慮夫藥者，為其偏於治病，病者服之可愈，常人服之，或反致於病也。夫天下無全功，聖人無全用。五穀至良貴矣，食之過乎其節，未嘗不可以殺人也。是故知養生者，百物皆可服。知體道者，諸家皆可存。六經三史，學術之淵源也。吾見不善治者之瘭屬矣。

學問文學，聰明才辨，不足以持世，所以持世者，存乎識也。所貴乎識者，非特能持風尚之偏而已也，知其所偏之中，亦有不得而廢者焉。非特能用獨擅之長而已也，知己所擅之長，亦有不足以該者焉。不得而廢者，嚴於去偽，（風尚所趨，不過一偏，惟偽託者，並其偏得亦為所害。）而慎於治偏，（真有得者，但治其偏足矣。）則可以無弊矣。不足以該者，闕所不知，而善推能者；無有其人，則自明所短，而懸以待之，（人各有能有不能，充類至盡，聖人有所不能，庸何傷乎？今之偽趨逐勢者，無足責矣。其間有所得者，遇非己之所長，則強不知為知，否則大言欺人，以謂此外皆不足道。夫道大如天，彼不見天者，曾何足論。己處門內，偶然見天，而謂門外之天皆不足道，有是理乎？曾見其人，未暇數責。）亦可以無欺於世矣。夫道公而我獨私之，不仁也。風尚所趨，循環往復，不可力勝，乃我不能持道之平，亦入循環往復之中，而思以力勝，不智也。不仁不智，不足以言學也。不足言學，而囂囂言學者乃紛紛也。

知難

為之難乎哉？知之難乎哉？夫人之所以謂知者，非知其姓與名也，亦非知其聲容之與笑貌也；讀其書，知其言，知其所以為言而

已矣。讀其書者，天下比比矣；知其言者，千不得百焉。知其言者，天下寥寥矣；知其所以為言者，百不得一焉。然而天下皆曰：我能讀其書，知其所以為言矣。此知之難也。人知《易》為卜筮之書矣；夫子讀之，而知作者有憂患，是聖人之知聖人也。人知《離騷》為詞賦之祖矣；司馬遷讀之，而悲其志，是賢人之知賢人也。夫不具司馬遷之志，而欲知屈原之志，不具夫子之憂，而欲知文王之憂，則幾乎罔矣。然則古之人，有其憂與其志，不幸不得後之人有能憂其憂，志其志，而因以湮沒不章者，蓋不少矣。

釋通

《易》曰：「惟君子為能通天下之志。」說者謂君子以文明為德，同人之時，能達天下之志也。《書》曰：「乃命重、黎，絕地天通。」說者謂人神不擾，各得其序也。夫先王懼人有匿志，於是乎以文明出治，通明倫類，而廣同人之量焉……通史之修，其便有六：一曰免重複，二曰均類例，三曰便銓配，四曰平是非，五曰去牴牾，六曰詳鄰事。其長有二：一曰具翦裁，二曰立家法。其弊有三：一曰無短長，二曰仍原題，三曰忘標目。何謂免重複？夫鼎革之際，人物事實，同出並見。勝國無徵，新王興瑞，即一事也。前朝草竊，新主前驅，即一人也。董卓、呂布，范、陳各為立傳，禪位冊詔，梁、陳並載全文，所謂複也。《通志》總合為書，事可互見，文無重出，不亦善乎？何謂均類例？夫馬立《天官》，班創《地理》，《齊志·天文》，不載推步；《唐書·藝文》不敘淵源；依古以來，參差如是。鄭樵著《略》，雖變史志章程，自成家法；但六書七音，原非沿革，昆蟲草木，何嘗必欲易代相仍乎？惟通前後而勒成一家，則例由義起，自就隱括。《隋書·五代史志》，（梁、陳、北齊、周、隋。）終勝沈、蕭、魏氏之書矣。（沈約《宋志》、蕭子顯《南齊志》、魏收《魏志》，皆參差不齊也。）何謂便銓配？包羅諸史，制度相仍。惟人物挺生，各隨時世。自后妃宗室，標題著其朝代；至於臣下，則約略先後，以次相比。（《南、北史》以宗室分冠諸臣之上，以為識別，歐陽《五代史》，始標別朝代。）然子孫附於祖父，世家會聚宗支。（《南、北史》王謝諸傳，不盡以朝代為斷。）一門血脈相承，時世盛衰，亦可因而見矣。即楚之屈原，將漢之賈生同傳，周之太史，偕韓之公子同科，古人正有深意，相附

而彰，義有獨斷，末學膚受，豈得從而妄議耶？何謂平是非？夫曲直之中，定於易代。然晉史終須帝魏，而周臣不立韓通，雖作者挺生，而國嫌宜慎，則亦無可如何者也。惟事隔數代，而衡鑒至公，庶幾筆削平允，而折衷定矣。何謂去牴牾？斷代為書，各有裁制，詳略去取，亦不相妨。惟首尾交錯，互有出入，則牴牾之端，從此見矣。居攝之事，班殊於范；二劉始末，（劉表、劉焉。）范異於陳。統合為編，庶幾免此。何謂詳鄰事？僭國載紀，四裔外國，勢不能與一代同其終始；而正朔紀傳，斷代為編，則是中朝典故居全，而藩國載紀乃參半也。惟南北統史，則後梁、東魏悉其端，而五代彙編，斯吳越、荊、潭終其紀也。凡此六者，所謂便也。何謂具翦裁？通合諸史，豈第括其凡例，亦當補其缺略，截其浮辭，平突填砌，乃就一家繩尺。若李氏《南、北》二史，文省前人，事詳往牒，故稱良史。蓋生乎後代，耳目聞見，自當有補前人，所謂憑藉之資，易為力也。何謂立家法？陳編具在，何貴重事編摩？專門之業，自具體要。若鄭氏《通志》，卓識名理，獨見別裁，古人不能任其先聲，後代不能出其規範；雖事實無殊舊錄，而辨名正物，諸子之意，寓於史裁，終為不朽之業矣。凡此二者，所謂長也。何謂無短長？纂輯之書，略以次比，本無增損，但易標題，則劉知幾所謂「學者寧習本書，怠窺新錄」者矣。何謂仍原題？諸史異同，各為品目，作者不為更定，自就新裁。《南史》有《孝義》而無《列女》，（詳《列女》篇。）《通志》稱《史記》以作時代，（《通志》漢、魏諸人，皆標漢、魏，稱時代，非稱史書也。而《史記》所載之人，亦標《史記》，而不標時代，則誤仍原文也。）一隅三反，則去取失當者多矣。何謂忘題目？帝王、后妃、宗室、世家，標題朝代，其別易見。臣下列傳，自有與時事相值者，見於文詞，雖無標別，但玩敘次，自見朝代。至於《獨行》《方伎》《文苑》《列女》諸篇，其人不盡涉於世事，一例編次，若《南史》吳逵、韓靈敏諸人，幾何不至於讀其書不知其世耶？凡此三者，所謂弊也。

橫通

通人之名，不可概擬也，有專門之精，有兼覽之博。各有其不可易，易則不能為良；各有其不相謀，謀則不能為益。然通之為名，蓋取譬於道路，四衝八達，無不可至，謂之通也。亦取其心之所識，

雖有高下、偏全、大小、廣狹之不同，而皆可以達於大道，故曰通也。然亦有不可四衝八達，不可達於大道，而亦不得不謂之通，是謂橫通。橫通之與通人，同而異，近而遠，合而離。

老賈善於販書，舊家富於藏書，好事勇於刻書，皆博雅名流所與把臂入林者也。禮失求野，其聞見亦頗有可以補博雅名流所不及者，固君子之所必訪也。然其人不過琴工碑匠，藝業之得接於文雅者耳。所接名流既多，習聞清言名論，而胸無智珠，則道聽途說，根底之淺陋，亦不難窺。周學士長發，以此輩人謂之橫通，其言奇而確也。故君子取其所長，而略其所短，譬琴工碑匠之足以資用而已矣。無如學者陋於聞見，接橫通之議論，已如疾雷之破山，遂使魚目混珠，清流無別。而其人亦遂囂然自命，不自知其通之出於橫也。江湖揮麈，別開琴工碑匠家風，君子所宜慎流別也。

橫通之人可少乎？不可少也。用其所通之橫，以佐君子之縱也。君子亦不沒其所資之橫也。則如徐生之禮容，制氏之鏗鏘，為補於禮樂，豈少也哉？無如彼不自知其橫也，君子亦不察識其橫也，是禮有玉帛，而織婦琢工，可參高堂之座，樂有鍾鼓，而鎔金製革，可議河間之記也。故君子不可以不知流別，而橫通不可以強附清流，斯無惡矣。

評婦女之詩文，則多假借；作橫通之序跋，則多稱許；一則憐其色，一則資其用也。設如試阮之糊名易書，俾略知臭味之人，詳晰辨之，有不可欺者矣。雖然，婦女之詩文，不過風雲月露，其陋易見。橫通之序跋，則稱許學術，一言為智為不智，君子於斯，宜有慎焉。

橫通之人，無不好名。好名者，陋於知意者也。其所依附，必非第一流也。有如師曠之聰，辨別通於鬼神，斯惡之矣。故君子之交於橫通也，不盡其歡，不竭其忠，為有試之譽，留不盡之辭，則亦足以相處矣。

繁稱

古人著書，往往不標篇名。後人校讎，即以篇首字句名篇。不標書名，後世校讎，即以其人名書，此見古人無意為標榜也。其有

篇名書名者，皆明白易曉，未嘗有意為弔詭也。然而一書兩名，先後文質，未能一定，則皆校讎諸，易名著錄，相沿不察，遂開歧異；初非著書之人，自尚新奇，為弔詭也。

有本名質而著錄從文者，有本名文而著錄從質者，有書本全而為人偏舉者，有書本偏而為人全稱者，學者不可不知也。本名質而著錄從文者，《老子》本無經名，而書尊《道德》；《莊子》本以人名，而書著《南華》之類，是也。本名文而著錄從質者，劉安之書，本名《鴻烈解》，而《漢志》但著《淮南內外》；蒯通之書，本名《雋永》，而《漢志》但著《蒯通》本名之類，是也。書名本全而為人偏舉者，《呂氏春秋》有十二紀、八覽、六論，而後人或稱《呂覽》；《屈原》二十五篇，《離騷》特其首篇，而後世竟稱《騷賦》之類是也。書名本偏而為人全稱者，《史記》為書策紀載總名，而後人專名《太史公書》；孫武八十餘篇，有圖有書，而後人即十三篇稱為《孫子》之類，是也。此皆校讎著錄之家所當留意。雖亦質文升降，時會有然，而著錄之家，不為別白，則其流弊，無異別號稱名之弔詭矣。

匡謬

書之有序，所以明作書之旨也，非以為觀美也。序其篇者，所以明一篇之旨也。至於篇第相承，先後次序，古人蓋有取於義例者焉，亦有無所取於義例者焉，約其書之旨而為之，無所容勉強也。《周易·序卦》二篇，次序六十四卦相承之義，《乾》《坤》《屯》《蒙》而下，承受各有說焉。《易》義雖不盡此，此亦《易》義所自具，而非強以相加也。吾觀後人之序書，則不得其解焉。書之本旨，初無篇第相仍之義列，觀於古人而有慕，則亦為之篇序焉。猥填泛語，強結韻言，以為故作某篇第一，故述某篇第二。自謂淮南、太史、班固、揚雄，何其惑耶？夫作之述之，誠聞命矣。故一故二，其說又安在哉？且如《序卦》《屯》次《乾》《坤》，必有其義。盈天地間惟萬物，《屯》次《乾》《坤》之義也。故受之以《屯》者，蓋言不可受以《需》《訟》諸卦，而必受以《屯》之故也。《蒙》《需》以下，亦若是焉而已矣。此《序卦》之所以稱次第也。後人序篇，不過言斯篇之不可不作耳。必於甲前乙後，強以聯綴為文，豈有不可互易

之理，如《屯》《蒙》之相次乎？是則慕《易》序者，不如序《詩》《書》之為得也。《詩》《書》篇次，豈盡無義例哉？然必某篇若何而承某篇則無是也。六藝垂教，其揆一也。何必優於《易》序，而歉於《詩》《書》之序乎？（趙岐《孟子篇序》，尤為穿鑿無取。）

　　或曰：附會篇名，強為標榜，蓋漢儒說經，求其說而不免太過者也。然漢儒所以為此，豈竟全無所見，而率然自伸其臆歟？余曰：此恐周末賤儒，已有開其端矣。著書之盛，莫甚於戰國；以著書而取給為干祿之資，蓋亦始於戰國也。故屈平之草稿，上官欲奪，而《國策》多有為人上書，則文章重，而著書開假借之端矣。《五蠹》《孤憤》之篇，秦王見之，至恨不與同生，則下以是干，上亦以是取矣。求取者多，則矜榜起，而飾偽之風亦開。余覽《漢·藝文志》，儒家者流，則有《魏文侯》與《平原君》書。讀者不察，以謂戰國諸侯公子，何以入於儒家？不知著書之人，自託儒家，而述諸侯公子請業質疑，因以所問之人名篇居首，其書不傳，後人誤於標題之名，遂謂文侯、平原所自著也。夫一時逐風會而著書者，豈有道德可為人師，而諸侯卿相，漫無擇決，概焉相從而請業哉？必有無其事，而託於貴顯之交以欺世者矣。《國策》一書，多記當時策士智謀，然亦時有奇謀詭計，一時未用，而著書之士，愛不能割，假設主臣問難以快其意，如蘇子之於薛公及楚太子事，其明徵也。然則貧賤而託顯貴交言，愚陋而附高明為伍，策士誇詐之風，又值言辭相矜之際，天下風靡久矣。而說經者目見當日時事如此，遂謂聖賢道德之隆，必藉諸侯卿相相與師尊，而後有以出一世之上也。嗚呼！此則囿於風氣之所自也。

　　假設問答以著書，於古有之乎？曰：有從實而虛者，《莊》《列》寓言，稱述堯、舜、孔、顏之問答，望而知其為寓也。有從虛而實者，《屈賦》所稱漁父、詹尹，本無其人，而入以屈子所自言，是彼無而屈子固有也，亦可望而知其為寓也。有從文而假者，楚太子與吳客，烏有先生與子虛也。有從質而假者，《公》《穀》傳經，設為問難，而不著人名，是也。後世之士摘詞捃藻，率多詭託，知讀者之不泥跡也。考質疑難，必知真名。不得其人，而以意推之，則稱或問，恐其以虛構之言，誤後人也。近世著述之書，余不能無惑矣。

理之易見者，不言可也。必欲言之，直筆於書，其亦可也。作者必
欲設問，則已迂矣。必欲設問，或託甲乙，抑稱或問，皆可為也。
必著人以實之，則何說也？且所託者，又必取同時相與周旋，而少
有聲望者也，否則不足以標榜也。至取其所著，而還詰問之，其人
初不知也，不亦誣乎？且問答之體，問者必淺，而答者必深；問者
有非，而答者必是。今偽託於問答，是常以深且是者自予，而以淺
且非者予人也，不亦薄乎？君子之於著述，苟足顯其義，而折是非
之中，雖果有其人，猶將隱其姓名而存忠厚，況本無是說而強坐於
人乎？誣人以取名，與劫人以求利，何以異乎？且文有起伏，往往
假於義有問答，是則在於文勢則然，初不關於義有伏匿也。倘於此
而猶須問焉，是必愚而至陋者也。今乃坐人愚陋，而以供己文之起
伏焉，則是假推官以叶韻也。昔有居下僚而吟詩謗上官者，上官召
之，適與某推官者同見。上官詰之，其人復吟詩以自解，而結語云，
問某推官。推官初不知也，惶懼無以自白，退而詰其何為見誣。答
曰：非有他也，借君銜以叶韻爾。

　　問難之體，必屈問而申答，故非義理有至要，君子不欲著屈者
之姓氏也。孟子拒楊、墨，必取楊、墨之說而闢之，則不惟其人而
惟其學。故引楊、墨之言，但明楊、墨之家學，而不必專指楊朱、
墨翟之人也。是其拒之之深，欲痛盡其支裔也。蓋以彼我不兩立，
不如是，不足以明先王之大道也。彼異學之視吾儒，何獨不然哉？
韓非治刑名之說，則儒墨皆在所擯矣。墨者之言少，而儒則《詩》
《書》六藝，皆為儒者所稱述，故其歷詆堯、舜、文、周之行事，必
藉儒者之言以辨之。故諸《難》之篇，多標儒者，以為習射之的焉。
此則在彼不得不然也，君子之所不屑較也。然而其文華而辨，其意
刻而深，後世文章之士，多好觀之。惟其文而不惟其人，則亦未始
不可參取也。王充《論衡》，則效諸《難》之文而為之。效其文者，
非由其學也，乃亦標儒者而詰難之。且其所詰，傳記錯雜，亦不盡
出儒者也。強坐儒說，而為志射之的焉，王充與儒何仇乎？且其《問
孔》《刺孟》諸篇之辨難，以為儒說之非也，其文有似韓非矣。韓非
絀儒，將以申刑名也。王充之意，將亦何申乎？觀其深斥韓非鹿馬
之喻以尊儒，且其自敍，辨別流俗傳訛，欲正人心風俗，此則儒者

之宗旨也。然則王充以儒者而拒儒者乎？韓非宗旨，固有在矣。其文之雋，不在能斥儒也。王充泥於其文，以為不斥儒，則文不雋乎？凡人相詬，多反其言以詬之，情也。斥名而詬，則反詬者必易其名，勢也。今王充之斥儒，是彼斥反詬，而仍用己之名也。

質性

《洪範》三德，正直協中，剛柔互克，以劑其過與不及；是約天下之心知血氣，聰明才力，無出於三者之外矣。孔子之教弟子，不得中行，則思狂狷，是亦三德之取材也。然而鄉愿者流，貌似中行而譏狂狷，則非三德所能約也。孔、孟惡之為德之賊，蓋與中行狂狷，亂而為四也。乃人心不古，而流風下趨，不特偽中行者，亂三為四，抑且偽狂偽狷者流，亦且亂四而為六；不特中行不可希冀，即求狂狷之誠然，何可得耶？孟子之論知言，以為生心發政，害於其事。吾蓋於撰述諸家，深求其故矣。其曼衍為書，本無立言之旨，可弗論矣。乃有自命成家，按其宗旨，不盡無謂；而按以三德之實，則失其本性，而無當於古人之要道，所謂似之而非也。學者將求大義於古人，而不於此致辨焉，則始於亂三而六者，究且因三偽而亡三德矣。嗚呼！質性之論，豈得已哉？

《易》曰：「言有物而行有恆。」《書》曰：「詩言志。」吾觀立言之君子，歌詠之詩人，何其紛紛耶？求其物而不得也，探其志而茫然也，然而皆曰：吾以立言也，吾以賦詩也。無言而有言，無詩而有詩，即其所謂物與志也。然而自此紛紛矣。

有志之士，矜其心，作其意，以謂吾不漫然有言也。學必本於性天，趣必要於仁義，稱必歸於《詩》《書》，功必及於民物，是堯、舜而非桀、紂，尊孔、孟而拒楊、墨；其所言者，聖人復起，不能易也。求其所以為言者，宗旨茫然也。譬如《彤弓》《湛露》，奏於賓筵，聞者以謂肄業及之也。或曰：宜若無罪焉。然而子莫於焉執中，鄉愿於焉無刺也。惠子曰：「走者東走，逐者亦東走；東走雖同，其東走之情則異。」觀斯人之所言，其為走之東歟？逐之東歟？是未可知也。然而自此又紛紛矣。

豪傑者出，以謂吾不漫然有言也，吾實有志焉，物不得其平則

鳴也。觀其稱名指類，或如詩人之比興，或如說客之諧隱，即小而喻大，弔古而傷時，嬉笑甚於裂眥，悲歌可以當泣，誠有不得已於所言者。以謂賢者不得志於時，發憤著書以自表見也。蓋其旨趣，不出於《騷》也。吾讀騷人之言矣：「紛吾有此內美，又重之以修能。」太史遷曰：「余讀《離騷》，悲其志。」又曰：「明道德之廣崇，治亂之條貫，其志潔，其行廉，皭然泥而不滓，雖與日月爭光可也。」此賈之所以弔屈，而遷之所以傳賈也；斯皆三代之英也。若夫託於《騷》以自命者，求其所以牢騷之故而茫然也。嗟窮歎老，人富貴而己貧賤也，人高第而己擯落也，投權要而遭按劍也，爭勢利而被傾軋也，為是不得志，而思託文章於《騷》《雅》，以謂古人之志也；不知中人而下，所謂「齊心同所願，含意而未伸」者也。夫科舉擢百十高第，必有數千賈誼，痛哭以弔湘江，江不聞矣。吏部敘千百有位，必有盈萬屈原，搔首以賦《天問》，天厭之矣。孟子曰：「有伊尹之志則可，無伊尹之志則篡也。」吾謂牢騷者，有屈賈之志則可，無屈賈之志則鄙也。然而自命為騷者，且紛紛矣。

有曠觀者，從而解曰：是何足以介也，吾有所言，吾以適吾意也。人以吾為然，吾不喜也，人不以吾為然，吾不慍也。古今之是非，不欲其太明也；人我之意見，不欲其過執也。必欲信今，又何為也？有言不如無言之為愈也。是其宗旨蓋欲託於莊周之齊物也。吾聞莊周之言曰：「內聖外王之學，暗而不明」也，「百家往而不反，道術將裂」也，「寓言十九，巵言日出。」然而稠適上遂，充實而不可以已，則非無所持，而漫為達觀，以略世事也。今附莊而稱達者，其旨果以言為無用歟？雖其無用之說，可不存也。而其無用之說，將以垂教歟？則販夫皁隸，亦未聞其必蘄有用也。豕腹饕饕，羊角戢戢，何嘗欲明古今之是非，而執人我之意見也哉？怯之所以勝勇者，力有餘而不用也。訥之所以勝辯者，智有餘而不競也。蛟龍戰於淵，而蝥蟻不知其勝負；虎豹角於山，而狌狸不知其強弱；乃不能也，非不欲也。以不能而託於不欲，則夫婦之愚，可齊上智也。然而遁其中者，又紛紛矣。

《易》曰：「一陰一陽之謂道。」陽變陰合，循環而不窮者，天地之氣化也。人秉中和之氣以生，則為聰明睿智。毗陰毗陽，是宜

剛克柔克，所以貴學問也。驕陽沴陰，中於氣質，學者不能自克，而以似是之非為學問，則不如其不學也。孔子曰：「不得中行而與之，必也狂狷乎！狂者進取，狷者有所不為。」莊周、屈原，其著述之狂狷乎？屈原不能以身之察察，受物之汶汶，不屑不潔之狷也。莊周獨與天地精神相往來，而不傲倪於萬物，進取之狂也。昔人謂莊、屈之書，哀樂過人。蓋言性不可見，而情之奇至如莊、屈，狂狷之所以不朽也。鄉愿者流，託中行而言性天，剝偽易見，不足道也。於學見其人，而以情著於文，庶幾狂狷可與乎！然而命騷者鄙，命莊者妄。狂狷不可見，而鄙且妄者，紛紛自命也。夫情本於性也，才率於氣也。累於陰陽之間者，不能無盈虛消息之機。才情不離乎血氣，無學以持之，不能不受陰陽之移也。陶舞慍戚，一身之內，環轉無端，而不自知。苟盡其理，雖夫子憤樂相尋，不過是也。其下焉者，各有所至，亦各有所通。大約樂至沉酣，而惜光景，必轉生悲；而憂患既深，知其無可如何，則反為曠達。屈原憂極，故有輕舉遠遊餐霞飲瀣之賦；莊周樂至，故有後人不見天地之純、古人大體之悲；此亦倚伏之至理也。若夫毗於陰者，妄自期許，感慨橫生，賊夫騷者也。毗於陽者，狷狂無主，動稱自然，賊夫莊者也。然而亦且循環未有已矣。

點陋

言文章者宗《左》《史》。《左》《史》之於文，猶六經之刪述也。《左》因百國寶書；《史》因《尚書》《國語》及《世本》《國策》《楚漢春秋》諸記載，己所為者十之一，刪述所存十之九也。君子不以為非也。彼著書之旨，本以刪述為能事，所以繼《春秋》而成一家之言者，於是兢兢焉，事辭其次焉者也。古人不以文辭相矜私，史文又不可以憑虛而別構；且其所本者，並懸於天壤，觀其入於刪述之文辭，猶然各有其至焉；斯亦陶鎔同於造化矣。吾觀近日之文集，而不能無惑也。傳記之文，古人自成一家之書，不以入集；後人散著以入集，文章之變也。既為集中之傳記，即非刪述專家之書矣；筆所聞見，以備後人之刪述，庶幾得當焉。點於好名而陋於知意者，窺見當世之學問文章，而不能無動矣，度己之才力，不足以

致之;於是有見史家之因襲,而點次其文為傳記,將以淵海其集焉,而不知其不然也。宣城梅氏之曆算,家有其書矣。裒錄曆議,書盈二卷,以為傳而入文集,何為乎?退而省其私,未聞其於律算有所解識也。丹溪朱氏之醫理,人傳其學矣。節鈔醫案,文累萬言,以為傳而入文集,何為乎?進而求其說,未聞其於方術有所辨別也。班固因《洪範》之傳而述《五行》,因《七略》之書而敘《藝文》。班氏未嘗深於災祥,精於校讎也,而君子以謂班氏之刪述,其功有補於馬遷;又美班氏之刪述,善於因人而不自用也。蓋以《漢書》為廟堂,諸家學術,比於大鏞鼖鼓之陳也。今為梅、朱作傳者,似羨宗廟百官之美富,而竊取庭燎反坫,以為蓬戶之飾也。雖然,亦可謂拙矣。經師授受,子術專家,古人畢生之業也。苟可獵取菁華,以為吾文之富有,則四庫典籍,猶董澤之蒲也,又何沾沾於是乎?

　　承考於《長楊》,何謂也?善則稱親,過則歸己,此孝子之行,亦文章之體也。《詩》《書》之所稱述,遠矣。三代而後,史遷、班固俱世為史,而談、彪之業,亦略見於遷、固之敘矣。後人乃謂固盜父書,而遷稱親善。由今觀之,何必然哉?談之緒論,僅見六家宗旨,至於留滯周南,父子執手欷歔,以史相授,僅著空文,無有實跡。至若彪著《後傳》,原委具存,而三紀論贊,明著彪說,見家學之有所授受;何得如後人之所言,致啟鄭樵誣班氏以盜襲之嫌哉?第史遷之敘談,既非有意為略;而班固之述彪,亦非好為其詳;孝子甚愛其親,取其親之行業而筆之於書,必肖其親之平日,而身之所際不與也。吾觀近日之文集,而不能無惑焉。其親無所稱述歟?闕之可也。其親僅有小善歟?如其量而錄之,不可略而為漏,溢而為誣可也。黯於好名而陋於知意者,侈陳己之功績,累牘不能自休,而曲終奏雅,則曰吾先人之教也。甚至敷張己之榮遇,津津有味其言,而賦卒為亂,則曰吾先德之報也。夫自敘之文,過於揚厲,劉知幾猶譏其言志不讓,率爾見哂矣。況稱述其親,乃為自詡地乎?夫張湯有後,史臣為薦賢者勸也;出之安世之口,則悖矣。伯起世德,史臣為清忠者幸也;出之秉、賜之書,則舛矣。昔人謂《長楊》《上林》諸賦,侈陳遊觀,而末寓箴規,以謂諷一而勸百。斯人之文,其殆自詡百,而稱親者一歟?

　　矜謁者之通，何謂也？國史敘《詩》，申明六藝。蓋詩無達言，作者之旨，非有序說，則其所賦，不辨何謂也？今之《詩序》，以謂傳授失其義，則可也；謂無待於序，不可也。《書》之有序，或者外史掌三皇五帝之書，當有篇目歟？今之《書序》，意亦經師授受之言，仿《詩序》而為者歟？讀者終篇，則事理自見；故《書》雖無序，而書義未嘗有妨也。且《書》故有序矣，訓詁之文終篇記言，則必書事首簡，以見訓詁所由作。是記事之《書》無需序，而記言之《書》本有序也。由是觀之，序之有無，本於文之明晦，亦可見矣。吾觀近日之文集，而不能無惑也。樹義之文，或出前人所已言也，或其是非本易見也，其人未嘗不知之，而必為之論著者，其中或亦有微意焉，或有所託而諷焉，或有所感而發焉；既不明言其故矣，必當序其著論之時世，與其所見所聞之大略，乃使後人得以參互考質，而見所以著論之旨焉。是亦《書》序訓詁之遺也。乃觀論著之文，論所不必論者，十常居七矣，其中豈無一二出於有為之言乎？然如風《詩》之無序，何由知其微旨也。且使議論而有序，則無實之言類於經生帖括者，亦可稍汰焉，而人多習而不察也。至於序事之文，古人如其事而出之也。乃觀後世文集，應人請而為傳志，則多序其請之之人，且詳述其請之之語。偶然為之，固無傷也；相習成風，則是序外之序矣。雖然，猶之可也。黠於好名而陋於知意者，序人請乞之辭，故為敷張揚厲以諛己也。一則曰：吾子道德高深，言為世楷，不得吾子為文，死者目不瞑焉。再則曰：吾子文章學問，當代宗師，苟得吾子一言，後世所徵信焉。己則多方辭讓，人又搏顙固求。凡斯等類，皆入文辭，於事毫無補益，而借人炫己，何其厚顏之甚邪？且文章不足當此，是誣死也；請者本無是言，是誣生也。若謂事之緣起，不可不詳，則來請者當由門者通謁，刺揭先投，入座寒溫，包苴後饋。亦緣起也，曷亦詳而志之乎？而謂一時請文稱譽之辭，有異於是乎？

　　著卜肆之應，何謂也？著作降而為文集，有天運焉，有人事焉。道德不修，學問無以自立，根本蹶而枝葉萎，此人事之不得不降也。世事殊而文質變，人世酬酢，禮法制度，古無今有者，皆見於文章。故惟深山不出則已矣，苟涉乎人世，則應求取給，文章之用多而文

體分，分則不能不出於文集。其有道德高深，學問精粹者，即以文集為著作，所謂因事立言也。然已不能不世酬酢之事，與給求之用也，若不得為子史專家，語無泛涉也。其誤以酬酢給求之文為自立而紛紛稱集者，蓋又不知其幾矣。此則運會有然，不盡關於人事也。吾觀近日之文集，而不能無惑也。史學衰，而傳記多雜出，若東京以降，《先賢》《耆舊》諸傳，《拾遺》《搜神》諸記，皆是也。史學廢，而文集入傳記，若唐、宋以還，韓、柳誌銘，歐、曾序述，皆是也。負史才者不得身當史任，以盡其能事，亦當搜羅聞見，覈其是非，自著一書，以附傳記之專家。至不得已，而因人所請，撰為碑、銘、序、述諸體，即不得不為酬酢應給之辭，以雜其文指，韓、柳、歐、曾之所謂無如何也。黠於好名而陋於知意者，度其文采不足以動人，學問不足以自立，於是思有所託以附不朽之業也，則見當世之人物事功，群相誇詡，遂謂可得而藉矣。藉之，亦似也；不知傳記專門之撰述，其所識解又不越於韓、歐文集也，以謂是非碑誌不可也。碑誌必出子孫之所求，而人之子孫未嘗求之也，則虛為碑誌以入集，似乎子孫之求之，自謂庶幾韓、歐也。夫韓、歐應人之求而為之，出於不得已，故歐陽自命在五代之史，而韓氏欲誄奸諛於既死，發潛德之幽光，作唐之一經，尚恨託之空言也。今以人所不得已而出之者，仰窺有餘羨，乃至優孟以摩之，則是詞科之擬誥，非出於絲綸，七林之答問，不必有是言也；將何以徵金石，昭來許乎？夫捨傳記之直達，而效碑誌之旁通，取其似韓、歐耶？則是矉里也。取其應人之求為文望邪？則是卜肆也。昔者西施病心而矉，里之醜婦，美而傚之；富者閉門不出，貧者挈妻子而去之。賤工賣卜於都市，無有過而問者，則曰：某王孫厚我，某貴卿神我術矣。

俗嫌

夫文章之用，內不本於學問，外不關於世教，已失為文之質；而或懷挾褊心，詆毀人物，甚而攻發隱私，誣涅清白；此則名教中之罪人，縱幸免刑誅，天譴所必及也。至於是非所在，文有抑揚；比擬之餘，例有賓主；厚者必云不薄，醇者必曰無疵；殆如賦詩必諧平仄，然後音調；措語必用助辭，然後辭達。今為醇厚著說，惟

恐疵薄是疑；是文句必去焉哉乎也，而詩句須用全仄全平，雖周、孔復生，不能一語稱完善矣。嗟乎！經世之業，不可以為涉世之文。不虞之譽，求全之毀，從古然矣。讀古樂府，形容蜀道艱難，太行詰屈，以謂所向狹隘，喻道之窮；不知文字一途，乃亦崎嶇如是。是以深識之士黯然無言。自勒名山之業，將俟知者發之，豈與容悅之流較甘苦哉！

針名

名者，實之賓。實至而名歸，自然之理也，非必然之事也。君子順自然之理，不求必然之事也。君子之學，知有當務而已矣；未知所謂名，安有見其為實哉？好名者流，徇名而忘實，於是見不忘者之為實爾。識者病之，乃欲使人後名而先實也。雖然，猶未忘夫名實之見者也。君子無是也。君子出處，當由名義。先王所以覺世牖民，不外名教。伊古以來，未有捨名而可為治者也。何為好名乃致忘實哉？曰：義本無名，因欲不知義者由於義，故曰名義。教本無名，因欲不知教者率其教，故曰名教。揭而為名，求實之謂也。譬猶人不知食，而揭樹藝之名以勸農；人不知衣，而揭盆繰之名以勸蠶；暖衣飽食者，不求農蠶之名也。今不問農蠶，而但以飲暖相矜耀，必有輟耕織而忍飢寒，假借糠秕以充飽，隱裹敗絮以偽暖，斯乃好名之弊矣。故名教名義之為名，農蠶也。好名者之名，飽暖也。必欲騖飽暖之名，未有不強忍飢寒者也。

然謂好名者喪名，自然之理也。非必然之事也。昔介之推不言祿，祿亦弗及。實至而名歸，名亦未必遽歸也。天下之名，定於真知者，而羽翼於似有知而實未深知者。夫真知者，必先自知。天下鮮自知之人，故真能知人者不多也。似有知而實未深知者則多矣。似有知，故可相與為聲名。實未深知，故好名者得以售其欺。又況智干術馭，竭盡生平之思力，而謂此中未得一當哉？故好名者往往得一時之名，猶好利者未必無一時之利也。

且好名者，固有所利而為之者也。如賈之利市焉，賈必出其居積，而後能獲利；好名者，亦必澆漓其實，而後能徇一時之名也。蓋人心不同如其面，故務實者，不能盡人而稱善焉。好名之人，則

務揣人情之所同，不必出於中之所謂誠然也。且好名者，必趨一時之風尚也。風尚循環，如春蘭秋鞠之互相變易，而不相襲也。人生其間，才質所優，不必適與之合也。好名者，則必屈曲以徇之，故於心術多不可問也。脣亡則齒寒，魯酒薄而邯鄲圍，此言勢有必至，理有固然也。學問之道，與人無恢忌，而名之所關，恢忌有所必至也。學問之道，與世無矯揉；而名之所在，矯揉有所必然也。故好名者，德之賊也。

　　若夫真知者，自知之確，不求人世之知之矣。其於似有知實未深知者，不屑同道矣。或百世而上，得一人焉，弔其落落無與儔也，未始不待我為後起之援也。或千里而外，得一人焉，悵其遙遙未接跡也，未始不與我為比鄰之洽也。以是而問當世之知，則寥寥矣，而君子不以為患焉。浮氣息，風尚平，天下之大，豈無真知者哉？至是而好名之伎，亦有所窮矣。故曰：實至而名歸，好名者喪名，皆自然之理也，非必然之事也。卒之事亦不越於理矣。

砭異

　　古人於學求其是，未嘗求異於人也。學之至者，人望之而不能至，乃覺其異耳，非其自有所異也。夫子曰：「儉，吾從眾。泰也，雖違眾，吾從下。」聖人方且求同於人也。有時而異於眾，聖人之不得已也。天下有公是，成於眾人之不知其然而然也，聖人莫能異也。賢智之士，深求其故，而信其然。庸愚未嘗有知，而亦安於然。而負其才者，恥與庸愚同其然也，則故矯其說以謂不然。譬如善割烹者，甘旨得人同嗜，不知味者，未嘗不以謂甘也。今恥與不知味者同嗜好，則必啜糟棄醴，去膾炙而尋藜藿，乃可異於庸俗矣。語云：「後世苟不公，至今無聖賢。」萬世取信者，夫子一人而已矣。夫子之可以取信，又從何人定之哉？公是之不容有違也。夫子論列古之神聖賢人，眾矣。伯夷求仁得仁，泰伯以天下讓，非夫子闡幽表微，人則無由知爾。堯、舜、禹、湯、文、武、周公，雖無夫子之稱述，人豈有不知者哉？以夫子之聖，而稱述堯、舜、禹、湯、文、武、周公，不聞去取有異於眾也，則天下真無可以求異者矣。是非之心，人皆有之。至於聲色臭味，天下之耳目口鼻，皆相似也。心

之所同然者，理也，義也。然天下歧趨，皆由爭理義，而是非之心，亦從而易焉。豈心之同然，不如耳目口鼻哉？聲色臭味有據而理義無形。有據則庸愚皆知率循，無形則賢智不免於自用也。故求異於人，未有不出於自用者也。治自用之弊，莫如以有據之學，實其無形之理義，而後趨不入於歧途也。夫內重則外輕，實至則名忘。凡求異於人者，由於內不足也。自知不足，而又不勝其好名之心，斯欲求異以加人，而人亦卒莫為所加也。內不足，不得不矜於外，實不至，不得不騖於名，又人情之大抵類然也。以人情之大抵類然，而求異者固亦不免於出此，則求異者何嘗異人哉？特異於坦蕩之君子爾。夫馬，毛鬣相同也，齕草飲水，秣芻飼粟，且加之鞍韉而施以箝勒，無不相同也，或一日而百里，或一日而千里；從同之中而有獨異者，聖賢豪傑，所以異於常人也。不從眾之所同，而先求其異，是必詭銜竊轡，踶跋齧齕，不可備馳驅之用者也。

砭俗

或謂代人屬草，有父母者，不當為人述考妣也。顏氏著訓，蓋謂孝子遠嫌，聽無聲而視無形，至諄諄也。雖然，是未明乎代言之體也。嫌之大者，莫過君臣；周公為成王詔臣庶，則不以南面為嫌。嫌之甚者，莫過於男女；谷永為元帝報許后，即不以內親為忌。伊古名臣，擬為冊祝制誥，則追諡先朝，冊後建儲，以至訓敕臣下，何一不代帝制以言，豈有嫌哉？必謂涉世遠嫌，不同官守，樂府孤兒之篇，豈必素冠之棘人？古人寡婦之歎，何非鬚眉之男子？文人為子述其親，必須孤子而後可，然則為夫述其妻，必將閹寺而後可乎？夫非禮之禮，非義之義，君子弗為，蓋以此哉！

申鄭

孔子作《春秋》，蓋曰其事則齊桓、晉文，其文則史，其義則孔子自謂有取乎爾。夫事即後世考據家之所尚也，文即後世詞章家之所重也，然夫子所取，不在彼而在此。則史家著述之道，豈可不求義意所歸乎？自遷、固而後，史家既無別識心裁，所求者徒在其事其文。惟鄭樵稍有志乎求義，而綴學之徒，囂然起而爭之。然則充

其所論，即一切科舉之文詞，胥吏之簿籍，其明白無疵，確實有據，
轉覺賢於遷、固遠矣。

今按，章學誠據孔子作《春秋》推導出「三維」空間：

　　　　第一維度——事——後世考據家之所尚也——考據之學
　　　　第二維度——文——後世詞章家之所重也——詞章之學
　　　　第三維度——義——孔子所「竊取之矣」——義理之學

在「三維」基礎上展開「三維」辨偽，這是一種基於學術史的辨偽。傳統的辨
偽往往是單維度的，如柳宗元辨諸子之偽，抓住一點，不及其餘，其結論往往
經不起推敲。

答客問上

　　史之大原，本乎《春秋》。《春秋》之義，昭乎筆削。筆削之義，
不僅事具始末，文成規矩已也。以夫子「義則竊取」之旨觀之，固
將綱紀天下，推明大道。所以通古今之變，而成一家之言者，必有
詳人之所略，異人之所同，重人之所輕，而忽人之所謹，繩墨之所
不可得而拘，類例之所不可得而泥，而後微茫杪忽之際，有以獨斷
於一心。及其書之成也，自然可以參天地而質鬼神，契前修而俟後
聖，此家學之所以可貴也。陳、范以來，律以《春秋》之旨，則不敢
謂無失矣。然其心裁別識，家學具存，縱使反脣相譏，至謂遷書退
處士而進奸雄，固書排忠節而飾主闕，要其離合變化，義無旁出，
自足名家學而符經旨；初不盡如後代纂類之業，相與效子莫之執中，
求鄉愿之無刺，侈然自謂超遷軼固也。若夫君臣事蹟，官司典章，
王者易姓受命，綜覈前代，纂輯比類，以存一代之舊物，是則所謂
整齊故事之業也。開局設監，集眾修書，正當用其義例，守其繩墨，
以待後人之論定則可矣，豈所語於專門著作之倫乎？

　　唐後史學絕，而著作無專家。後人不知《春秋》之家學，而猥
以集眾官修之故事，乃與馬、班、陳、范諸書，並列正史焉。於是
史文等於科舉之程序，胥吏之文移，而不可稍有變通矣。

答問

　　或問：前人之文辭，可改竄為己作歟？答曰：何為而不可也。
古者以文為公器，前人之辭如已盡，後人述而不必作也。賦詩斷章，

不啻若自其口出也。重在所以為文辭，而不重文辭也。苟得其意之所以然，不必有所改竄，而前人文辭與己無異也。無其意而求合於文辭，則雖字句毫無所犯，而陰仿前人之所云，君子鄙之曰竊矣。或曰：陳琳為曹洪報魏太子，諱言陳琳為辭。丁敬禮求曹子建潤色其文，則曰後世誰知定吾文者。唐韓氏云：「惟古於文必己出，降而不能乃剽竊。」古人必欲文辭自己擅也，豈曰重其意而已哉？答曰：文人之文，與著述之文，不可同日語也。著述必有立於文辭之先者，假文辭以達之而已。譬如廟堂行禮，必用錦紳玉佩，彼行禮者，不問紳佩之所成。著述之文是也。錦工玉工，未嘗習禮，惟藉製錦攻玉以稱功，而冒他工所成為己製，則人皆以為竊矣。文人之文是也。故以文人之見解，而議著述之文辭，如以錦工玉工，議廟堂之禮典也。

或曰：昔者樂廣善言，而摯虞妙筆，樂談摯不能封，摯筆樂不能復，人各有偏長矣。然則有能言而不能文者，不妨藉人為操筆邪？答曰：潘岳亦為樂廣撰讓表矣，必得廣之辭旨，而後次為名筆，史亦未嘗不兩稱之。兩漢以下，人少兼長，優學而或歉於辭，善文而或疏於記。以至學問之中，又有偏擅，文辭一道，又有專長；本可交助為功，而世多交譏互詆，是以大道終不可得而見也。文辭末也，苟去封畛而集專長，猶有卓然之不朽，而況由學問而進求古人之大體乎？然而自古至今，無其人焉，是無可如何者也。

或曰：誠如子言，文章學問，可以互託。苟有黠者，本無所長，而謬為公義，以濫竽其中，將何以辨之？答曰：千鈞之鼎，兩人舉之，不能勝五百鈞者，僕且蹶矣。李廣入程不識之軍，而旌旗壁壘，為之一新。才智苟遜於程，一軍亂矣。富人遠出，不持一錢，有所需而稱貸，人爭與之，他人不能者何也？惟富於錢，而後可以貸人之錢也。故文學苟志於公，彼無實者，不能冒也。

或曰：前人之文，不能盡善，後人從而點竄以示法，亦可為之歟？答曰：難言之矣。著述改竄前人，其意別有所主，故無傷也。論文改竄前人，文心不同，亦如人面，未可以己所見，遽謂勝前人也。劉氏《史通》，著《點煩》之篇矣。左、馬以降，並有塗改，人或譏其知史不知文也。然劉氏有所為而為之，得失猶可互見。若夫

專事論文，則宜慎矣。今古聰敏智慧，亦自難窮，今人所見，未必盡不如古。大約無心偶會，則收點金之功；有意更張，必多畫堊之誚。蓋論文貴於天機自呈，不欲人事為穿鑿耳。

或問：近世如方苞氏，刪改唐、宋大家，亦有補歟？夫方氏不過文人，所得本不甚深，況又加以私心勝氣，非徒無補於文，而反開後生小子無忌憚之漸也。小慧私智，一知半解，未必不可攻古人之間，拾前人之遺，此論於學術，則可附於不賢識小之例，存其說以備後人之採擇可也。若論於文辭，則無關大義，皆可置而不論。即人心不同如面，不必強齊之意也。果於是非得失，後人既有所見，自不容默矣，必也出之如不得已，詳審至再而後為之。如國家之議舊章，名臣之策利弊，非有顯然什百之相懸，寧守舊而毋妄更張矣。苟非深知此意，而輕議古人，是庸妄之尤，即未必無尺寸之得，而不足償其尋丈之失也。方氏刪改大家，有必不得已者乎？有是非得失，顯然什百相懸者乎？有如國家之議舊章，名臣之策利弊，寧守舊而毋妄更張之本意者乎？在方氏亦不敢自謂然也。然則私心勝氣，求勝古人，此方氏之所以終不至古人也。凡能與古為化者，必先於古人繩度尺寸不敢逾越者也。蓋非信之專而守之篤，則入古不深，不深則不能化。譬如人於朋友，能全管、鮑通財之義，非嚴一介取與之節者，必不能也。故學古而不敢曲泥乎古，乃服古而謹嚴之至，非輕古也。方氏不知古人之意，而惟徇於文辭，且所得於文辭者，本不甚深，其私智小慧，又適足窺見古人之當然，而不知其有所不盡然，宜其奮筆改竄之易易也。

古文公式

古文體制源流，初學入門，當首辨也。蘇子瞻《表忠觀碑》，全錄趙抃奏議，文無增損，其下即綴銘詩。此乃漢碑常例，見於金石諸書者，不可勝載；即唐、宋八家文中，如柳子厚《壽州安豐孝門碑》，亦用其例，本不足奇。王介甫詫謂是學《史記》諸侯王年表，真學究之言也。李耆卿謂其文學《漢書》，亦全不可解。此極是尋常耳目中事，諸公何至怪怪奇奇，看成骨董？且如近日市井鄉閭，如有利弊得失，公議興禁，請官約法，立碑垂久，其碑即刻官府文書

告諭原文，毋庸增損字句，亦古法也。豈介甫諸人，於此等碑刻猶未見耶？當日王氏門客之訾摘駭怪，更不直一笑矣。

以文辭而論，趙清獻請修表忠觀原奏，未必如蘇氏碑文之古雅。史家記事記言，因襲成文，原有點竄塗改之法。蘇氏此碑，雖似鈔繕成文，實費經營裁制也。第文辭可以點竄，而制度則必從時。此碑篇首「臣抃言」三字，篇末「制曰可」三字，恐非宋時奏議上陳、詔旨下達之體；而蘇氏意中，揣摩《秦本紀》「丞相臣斯昧死言」及「制曰可」等語太熟，則不免如劉知幾之所譏，貌同而心異也……余謂奏文辭句，並無一定體式，故可點竄古雅，不礙事理。前後自是當時公式，豈可以秦、漢之衣冠，繪明人之圖像耶？蘇氏《表忠觀碑》，前人不知，而相與駭怪，自是前人不學之過。蘇氏之文，本無可議。至人相習而不以為怪，其實不可通者，惟前後不遵公式之六字耳。夫文辭不察義例，而惟以古雅為徇，則「臣抃言」三字，何如「岳曰於」三字更古？「制曰可」三字，何如「帝曰俞」三字更古？捨唐、虞而法秦、漢，未見其能好古也。

古文十弊

餘論古文辭義例，自與知好諸君書，凡數十通；筆為論著，又有《文德》《文理》《質性》《點陋》《俗嫌》《俗忌》諸篇，亦詳哉其言之矣。然多論古人，鮮及近世。茲見近日作者，所有言論與其撰著，頗有不安於心，因取最淺近者，條為十通，思與同志諸君相為講明。若他篇所已及者不復述，覽者可互見焉。此不足以盡文之隱，然一隅三反，亦庶幾其近之矣。

一曰，凡為古文辭者，必先識古人大體，而文辭工拙，又其次焉。不知大體，則胸中是非，不可以憑，其所論次，未必俱當事理。而事理本無病者，彼反見為不然而補救之，則率天下之人而禍仁義矣。有名士投其母氏行述，請大興朱先生作志。敘其母之節孝，則謂乃祖衰年病廢臥床，溲便無時，家無次丁，乃母不避穢褻，躬親薰濯。其事既已美矣。又述乃祖於時憮然不安，乃母肅然對曰：「婦年五十，今事八十老翁，何嫌何疑？」嗚呼！母行可嘉，而子文不肖甚矣。本無芥蒂，何有嫌疑？節母既明大義，定知無是言也。此公無故自生嫌疑，特添注以斡旋其事，方自以謂得體，而不知適如

冰雪肌膚，剜成瘡痏，不免愈濯愈痕瘢矣。人苟不解文辭，如遇此等，但須據事直書，不可無故妄加雕飾。妄加雕飾，謂之剜肉為瘡，此文人之通弊也。

二曰，《春秋》書內不諱小惡。歲寒知松柏之後彫，然則欲表松柏之貞，必明霜雪之屬，理勢之必然也。自世多嫌忌，將表松柏，而又恐霜雪懷慚，則觸手皆荊棘矣。但大惡諱，小惡不諱，《春秋》之書內事，自有其權衡也。江南舊家，輯有宗譜。有群從先世為子聘某氏女，後以道遠家貧，力不能婚，恐失婚時，偽報子殤，俾女別聘。其女遂不食死，不知其子故在。是於守貞殉烈，兩無所處。而女之行事，實不愧於貞烈，不忍泯也。據事直書，於翁誠不能無歉然矣。第《周官》媒氏禁嫁殤，是女本無死法也。《曾子問》，娶女有日，而其父母死，使人致命女氏。注謂恐失人嘉會之時。是古有辭昏之禮也。今制，婿遠遊，三年無聞，聽婦告官別嫁。是律有遠絕離昏之條也。是則某翁詭託子殤，比例原情，尚不足為大惡而必須諱也。而其族人動色相戒，必不容於直書，則匿其辭曰：「書報幼子之殤，而女家誤聞以為婿也。」夫千萬里外，無故報幼子殤，而又不道及男女昏期，明者知其無是理也。則文章病矣。人非聖人，安能無失？古人敘一人之行事，尚不嫌於得失互見也。今敘一人之事，而欲顧其上下左右前後之人，皆無小疵，難矣。是之謂八面求圓，又文人之通弊也。

三曰，文欲如其事，未聞事欲如其人者也。嘗見名士為人撰志，其人蓋有朋友氣誼，志文乃仿韓昌黎之志柳州也，一步一趨，惟恐其或失也。中間感歎世情反覆，已覺無病費呻吟矣。末敘喪費出於貴人，及內親竭勞其事。詢之其家，則貴人贈賻稍厚，非能任喪費也。而內親則僅一臨穴而已，亦並未任其事也。且其子俱長成，非若柳州之幼子孤露，必待人為經理者也。詰其何為失實至此？則曰：仿韓志柳墓終篇有云：「歸葬費出觀察使裴君行立，又舅弟盧遵，既葬子厚，又將經紀其家。」附紀二人，文清深厚。今志欲似之耳。余嘗舉以語人，人多笑之。不知臨文摹古，遷就重輕，又往往似之矣。是之謂削趾適屨，又文人之通弊也。

四曰，仁智為聖，夫子不敢自居。瑚璉名器，子貢安能自定。

稱人之善，尚恐不得其實；自作品題，豈宜誇耀成風耶？嘗見名士為人作傳，自云吾鄉學者，鮮知根本，惟余與某甲，為功於經術耳。所謂某甲，固有時名，亦未見必長經術也。作者乃欲援附為名，高自標榜，惡矣！又有江湖遊士，以詩著名，實亦未足副也。然有名實遠出其人下者，為人作詩集序，述人請序之言曰：「君與某甲齊名，某甲既已弁言，君烏得無題品？」夫齊名本無其說，則請者必無是言，而自詡齊名，藉人炫己，顏頰不復知忸怩矣！且經援服、鄭，詩攀李、杜，猶曰高山景仰；若某甲之經，某甲之詩，本非可恃，而猶藉為名。是之謂私署頭銜，又文人之通弊也。

五曰，物以少為貴，人亦宜然也。天下皆聖賢，孔、孟亦弗尊尚矣。清言自可破俗，然在典午，則滔滔皆是也。前人譏《晉書》，列傳同於小說，正以採掇清言，多而少擇也。立朝風節，強項敢言，前史侈為美談。明中葉後，門戶朋黨，聲氣相激，誰非敢言之士？觀人於此，君子必有辨矣。不得因其強項申威，便標風烈，理固然也。我憲皇帝澄清吏治，裁革陋規，整飭官方，懲治貪墨，實為千載一時。彼時居官，大法小廉，殆成風俗；貪冒之徒，莫不望風革面，時勢然也。今觀傳志碑狀之文，敘雍正年府州縣官，盛稱杜絕饋遺，搜除積弊，清苦自守，革除例外供支，其文洵不愧於循吏傳矣。不知彼時逼於功令，不得不然，千萬人之所同，不足以為盛節。豈可見閹寺而頌其不好色哉？山居而貴薪木，涉水而寶魚蝦，人知無是理也，而稱人者乃獨不然。是之謂不達時勢，又文人之通弊也。

六曰，史既成家，文存互見，有如《管晏列傳》，而勳詳於《齊世家》；張耳分題，而事總於《陳餘傳》；非惟命意有殊，抑亦詳略之體所宜然也。若夫文集之中，單行傳記，凡遇牽聯所及，更無互著之篇，勢必加詳，亦其理也。但必權其事理，足以副乎其人，乃不病其繁重爾。如唐平淮西，《韓碑》歸功裴度，可謂當矣。後中讒毀，改命於段文昌，千古為之歎惜。但文昌徇於李愬，愬功本不可沒，其失猶未甚也。假令當日無名偏裨，不關得失之人，身後表阡，侈陳淮西功績，則無是理矣。朱先生嘗為故編修蔣君撰志，中敘國家前後平定準回要略，則以蔣君總修方略，獨力勤勞，書成身死，而不得敘功故也。然志文雅健，學者慕之。後見某中書舍人死，有

為作家傳者，全襲《蔣志》原文，蓋其人嘗任分纂數月，於例得列銜名者耳，其實於書未寓目也。是與無名偏裨，居淮西功，又何以異？而文人喜於摭事，幾等軍吏攘功，何可訓也？是之謂同里銘旌。昔有誇夫，終身未膺一命，好襲頭銜，將死，遍召所知，籌計銘旌題字。或徇其意，假藉例封待贈修職登仕諸階，彼皆掉頭不悅。最後有善諧者，取其鄉之貴顯，大書勳階師保殿閣部院某國某封某公同里某人之柩。人傳為笑。故凡無端而影附者，謂之同里銘旌，不謂文人亦傚之也，是又文人之通弊也。

七曰，陳平佐漢，志見社肉，李斯亡秦，兆端廁鼠。推微知著，固相士之玄機；搜間傳神，亦文家之妙用也。但必得其神志所在，則如圖畫名家，頰上妙於增毫；苟徒慕前人文辭之佳，強尋猥瑣，以求其似；則如見桃花而有悟，遂取桃花作飯，其中豈復有神妙哉？又近來學者，喜求徵實，每見殘碑斷石，餘文剩字，不關於正義者，往往藉以考古制度，補史缺遺，斯固善矣。因是行文，貪多務得，明知贅余非要，卻為有益後世，推求不憚辭費。是不特文無體要，抑思居今世而欲備後世考徵，正如董澤矢材，可勝暨乎？夫傳人者文如其人，述事者文如其事，足矣。其或有關考徵，要必本質所具，即或閒情逸出，正為阿堵傳神。不此之務，但知市菜求增，是之謂畫蛇添足，又文人之通弊也。

八曰，文人固能文矣，文人所書之人，不必盡能文也。敘事之文，作者之言也。為文為質，惟其所欲，期如其事而已矣。記言之文，則非作者之言也；為文為質，期於適如其人之言，非作者所能自主也。貞烈婦女，明詩習禮，固有之矣。其有未嘗學問，或出鄉曲委巷，甚至傭嫗鬻婢，貞節孝義，皆出天性之憂，是其質雖不愧古人，文則難期於儒雅也。每見此等傳記，述其言辭，原本《論語》《孝經》，出入《毛詩》《內則》，劉向之《傳》，曹昭之《誡》，不當自其口出，可謂文矣。抑思善相夫者，何必盡識鹿車鴻案，善教子者，豈皆熟記畫荻丸熊，自文人胸有成竹，遂致閨修，皆如板印。與其文而失實，何如質以傳真也？由是推之，名將起於卒伍，義俠或奮閭閻，言辭不必經生，記述貴於宛肖。而世有作者，於斯多不致思，是之謂優伶演劇。蓋優伶歌曲，雖耕氓役隸，矢口皆叶宮商，

是以謂之戲也。而記傳之筆，從而傚之，又文人之通弊也。

九曰，古人文成法立，未嘗有定格也。傳人適如其人，述事適如其事，無定之中，有一定焉。知其意者，旦暮遇之。不知其意，襲其形貌，神弗肖也。往余撰和州故給事《成性志傳》，性以建言著稱，故採錄其奏議。然性少遭亂離，全家被害，追悼先世，每見文辭。而《猛省》之篇尤沉痛，可以教孝，故於終篇全錄其文。其鄉有知名士賞余文曰：「前載如許奏章，若無《猛省》之篇，譬如行船，鷁首重而舵樓輕矣。今此婪尾，可謂善謀篇也。」余戲詰云：設成君本無此篇，此船終不行耶？蓋塾師講授《四書》文義，謂之時文，必有法度以合程序。而法度難以空言，則往往取譬以示蒙學，擬於房室，則有所謂間架結構；擬於身體，則有所謂眉目筋節；擬於繪畫，則有所謂點晴添毫；擬於形家，則有所謂來龍結穴。隨時取譬。然為初學示法，亦自不得不然，無庸責也。惟時文結習，深錮腸腑，進窺一切古書古文，皆此時文見解，動操塾師啟蒙議論，則如用象棋枰布圍棋子，必不合矣。是之謂井底天文，又文人之通弊也。

十曰，時文可以評選，古文經世之業，不可以評選也。前人業評選之，則亦就文論文可耳。但評選之人，多非深知古文之人。夫古人之書，今不盡傳，其文見於史傳，評選之家，多從史傳採錄。而史傳之例，往往刪節原文，以就隱括，故於文體所具，不盡全也。評選之家，不察其故，誤謂原文如是，又從而為之辭焉。於引端不具，而截中徑起者，詡謂發軔之離奇；於刊削餘文，而遽入正傳者，詫為篇終之巉峭。於是好奇而寡識者，轉相歎賞，刻意追摹，殆如左氏所云：「非子之求，而蒲之覓矣。」有明中葉以來，一種不情不理自命為古文者，起不知所自來，收不知所自往，專以此等出人思議，誇為奇特，於是坦蕩之塗，生荊棘矣。夫文章變化侔於鬼神，陡然而來，戛然而止，何嘗無此景象？何嘗不為奇特？但如山之岩峭，水之波瀾，氣積勢盛，發於自然；必欲作而致之，無是理矣。文人好奇，易於受惑，是之謂誤學邯鄲，又文人之通弊也。

婦學

春秋以降，官師分職，學不守於職司，文字流為著述。（古無私

門著述，說詳《校讎通義》。）丈夫之秀異者，咸以性情所近，撰述名家。（此指戰國先秦諸子家言，以及西京以還經史專門之業。）至於降為辭章，亦以才美所優，標著文采。（此指西漢元、成而後，及東京而下諸人詩文集。）而婦女之奇慧殊能，鍾於閒氣，亦遂得以文辭偏著，而為今古之所稱，則亦時勢使然而已。然漢廷儒術之盛，班固以謂利祿之途使然。蓋功令所崇，賢才爭奮，士之學業，等於農夫治田，固其理也。婦人文字，非其職業，間有擅者，出於天性之憂，非有爭於風氣，騖於聲名者也。（好名之習，起於中晚文人，古人雖有好名之病，不區區於文藝間也。丈夫而好文名，已為識者所鄙。婦女而騖聲名，則非陰類矣。）

　　唐山《房中》之歌，班姬《長信》之賦，《風》《雅》正變，（《雅》指《房中》，《風》指《長信》。）起於宮闈，事關國故，史策載之。其餘篇什寥寥，傳者蓋寡，《藝文》所錄，約略可以觀矣。若夫樂府流傳，聲詩則效，《木蘭》征戍，《孔雀》乖離，以及《陌上》採桑之篇，山下靡蕪之什，四時《白紵》，《子夜》芳香，其聲嘽以緩，其節柔以靡，則自兩漢古辭，（皆無名氏。）訖於六朝雜擬，並是騷客擬辭，思人寄興，情雖託於兒女，義實本於風人，故其辭多駘宕，不以男女酬答為嫌也。（如《陌上桑》《羽林郎》之類，雖以貞潔自許，然幽閒女子，豈喋喋與狂且爭口舌哉。出於擬作，佳矣。）至於閨房篇什，間有所傳，其人無論貞淫，而措語俱有邊幅。文君，淫奔人也，而《白頭》止諷相如。蔡琰，失節婦也，而鈔書懇辭十吏。其他安常處順，及以貞節著者，凡有篇章，莫不靜如止水，穆若清風，雖文藻出於天嫻，而範思不逾閫外。此則婦學雖異於古，亦不悖於教化者也。

　　《國風》男女之辭，皆出詩人所擬；以漢、魏、六朝篇什證之，更無可疑。（古今一理，不應古人兒女，矢口成章。後世學士，力追而終不逮也。）譬之男優，飾靜女以登場，終不似閨房之雅素也。昧者不知斯理，妄謂古人雖兒女子，亦能矢口成章，因謂婦女宜於風雅；是猶見優伶登場演古人事，妄疑古人動止，必先歌曲也。（優伶演古人故事，其歌曲之文，正如史傳中夾論贊體，蓋有意中之言，決非出於口者，亦有旁觀之見，斷不出本人者，曲文皆所不避。故

君子有時涉於自贊，宵小有時或至自嘲，俾觀者如讀史傳，而兼得詠歎之意。體應如是，不為嫌也。如使真出君子小人之口，無是理矣。《國風》男女之辭，與古人擬男女辭，正當作如是觀。如謂真出男女之口，毋論淫者萬無如此自暴，即貞者亦萬無如此自褻也。）

婦學篇書後

或曰：《詩序》誠不可盡廢矣。顧謂古之呡庶，不應能詩，則如役者之謠，輿人之祝，皆出呡庶，其辭至今誦之，豈傳記之誣歟？答曰：此當日諺語，非復雅言，正如先儒所謂殷盤周誥，因於土俗，歷時久遠，轉為古奧，故其辭多奇崛；非如風詩和平莊雅，出於文學士者，亦如典謨之文，雖歷久而無難於誦識也。以風詩之和雅，與民俗之謠諺，絕然不同，益知國風男女之辭，皆出詩人諷刺，而非蚩呡男女所能作也。是則風趣之說，不待攻而破，不待教而誅者也。

詩話

說部流弊，至於誣善黨奸，詭名託姓。前人所論，如《龍城錄》《碧雲騢》之類，蓋亦不可勝數，史家所以有別擇稗野之道也。事有紀載可以互證，而文則惟意之所予奪，詩話之不可憑，或甚於說部也。

方志立三書議

孟子曰：其事，其文，其義，《春秋》之所取也。即簿牘之事而潤以爾雅之文，而斷之以義，國史方志，皆《春秋》之流別也。譬之人身，事者其骨，文者其膚，義者其精神也。斷之以義，而書始成家。書必成家，而後有典有法，可誦可識，乃能傳世而行遠。故曰；志者志也，欲其經久而可記也。

蓋一書自有一書之體例，《詩》教自與《春秋》分轍也。

《書》曰：「詩言志。」古無私門之著述，經子諸史，皆本古人之官守；詩則可以惟意所欲言。唐、宋以前，文集之中無著述。文之不為義解（經學）、傳記（史學）、論撰（子家）諸品者，古人始稱之為文。其有義解、傳記、論撰諸體者，古人稱書，不稱文也。蕭

統《文選》，合詩文而皆稱為文者，見文集之與詩，同一流別也。

和州志藝文書序例

前代搜訪圖書，不懸重賞，則奇書秘策，不能會萃；苟懸重賞，則偽造古逸，妄希詭合；三墳之《易》，古文之《書》，其明徵也。向令方州有部次之書，下正家藏之目，上借中秘之徵，則天下文字，皆著籍錄；雖欲私錮而不得，雖欲偽造而不能，有固然也。夫人口孳生，猶稽版籍；水土所產，猶列職方。況乎典籍文章，為學術源流之所自出，治功事緒之所流傳，不於州縣志書，為之部次條別，治其要刪，其何以使一方文獻無所闕失耶？

和州志列傳總論

至於正史之外，雜記之書，若《高祖》《孝文》，論述策詔，皆稱為傳。(《漢‧藝文志》有《高祖傳》十三篇，《孝文傳》十一篇)則故事之祖也。《穆天子傳》《漢武內傳》，小說之屬也。劉向《列女傳》，嵇康《高士傳》，專門之紀也。王肅《家傳》，王裒《雜傳》，一家之書也。《東方朔傳》《陸先生傳》，一人之行也。

和州志前志列傳序例上

《記》曰：「疏通知遠，《書》教也；比事屬辭，《春秋》教也。」言述作殊方，而風教有異也。孟子曰：「頌其詩，讀其書，不知其人可乎？」言墳籍具存，而作者之旨，不可不辨也。古者史官各有成法，辭文旨遠，存乎其人。孟子所謂其文則史，孔子以謂義則竊取，明乎史官法度不可易，而義意為聖人所獨裁。

和州文徵序例

古人著述，各自名家，未有採輯諸人，裒合為集者也。自專門之學散，而別集之風日繁，其文既非一律，而其言時有所長，則選輯之事興焉。

論著者，諸子遺風，所以託於古之立言垂不朽者，其端於是焉在。劉勰謂論之命名，始於《論語》，其言當矣。晁氏《讀書志》，援「論道經邦」，出於《尚書》，因詆劉氏之疏略。夫《周官》篇出偽

古文，晁氏曾不之察，亦其惑也。諸子風衰，而文士集中乃有論說辨解諸體，若書牘題跋之類，則又因事立言，亦論著之派別也。

修志十議

三，議徵信。邑志尤重人物，取捨貴辨真偽。凡舊志人物列傳，例應有改無削。新志人物，一憑本家子孫列狀投櫃，核實無虛，送館立傳。此俱無可議者。但所送行狀，務有可記之實，詳悉開列，以備採擇，方准收錄。如開送名宦，必詳曾任何職，實興何利，實除何弊，實於何事有益國計民生，乃為合例。如但云清廉勤慎，慈惠嚴明，全無實徵，但作計薦考語體者，概不收受。又如卓行亦必開列行如何卓，文苑亦必開列著有何書，見推士林，儒林亦必覈其有功何經，何等著作有關名教，孝友亦必開明於何事見其能孝能友。品雖毋論庸奇偏全，要有真蹟，便易採訪。否則行皆曾、史，學皆程、朱，文皆馬、班，品皆夷、惠，魚魚鹿鹿，何以辨真偽哉？至前志所收人物，果有遺漏，或生平大節，載不盡詳，亦准其與新收人物，一例開送，核實增補。

今按，若不明「義法」，則難以辨真偽。一部《文史通義》通篇即講「義法」，因此在某種意義上來看，《文史通義》也是一部別具一格的辨偽專著。

古人官師合一

《校讎通義‧原道篇》云：

劉歆蓋深乎古人官師合一之道，而有以知私門無著述之故也。何則其敘六藝而後，次及諸子百家，必云某家者流，蓋出於古者某官之掌，其流而為某氏之學，失而為某氏之弊。其云某官之掌，即法具於官，官守其書之義也；其云流而為某家之學，即官司失職而師弟傳業之義也；其云失而為某氏之弊，即孟子所謂生心發政作政害事；辨而別之，蓋欲庶幾於知言之學者也。

六藝乃周官之舊典

六藝乃周官之舊典也。《易》掌太卜，《書》掌外史，《禮》在宗伯，《樂》隸司樂，《詩》領於太師，《春秋》存於國史。夫子自謂述而不作，明乎官司失守，而師弟子之傳業，於是判焉。秦人禁偶語

《詩》《書》，而云欲學法令者，以吏為師。其棄《詩》《書》，非也，其曰以吏為師，則猶官守學業合一之謂也。由秦人以吏為師之言，想見三代盛時，《禮》以宗伯為師，《樂》以司樂為師，《詩》以太師為師，《書》以外史為師，《三易》《春秋》，亦若是而已矣。

金毓黻在《中國史學史》中分析道：「此所謂官師合一，即古人學在王官之證。古人之要典，皆由百司之史掌之，故百家之學，悉在王官，而治學之士，多為公卿之子弟，就百官之史而學之，故其學不能下逮於庶民。迨周之衰，王官失守，散而為諸子百家，民間亦得以其業私相傳授。而劉、班二氏溯其源，曰某家者流，出於古者某官，雖其所說，未必盡讎，而古人官師合一之旨，藉是以明，章氏所說，最為得古人之意者也。秦人以吏為師，吏即史也，惟古今有不同者，一則學下逮於庶民，而百家之學以興；一則所學以法令為限，而百家之學以絕耳。《漢志》謂道家出於史官，其為說之當否，姑不具論，惟章學誠謂六經皆史，近人多宗其說。至謂六經百家之學，悉出於史官，究有斷限不明之嫌，若謂其書悉掌於百司之史，則無可疑者也。」既然六藝為周官舊典，其真實性就毋庸置疑，顯然章學誠歸納的這一命題也屬於辨偽學的範疇。

「章七條」

顧頡剛《古今偽書考跋》云：

　　論偽書者，予最服膺實齋。竊取其言，分為七類，非可以偽書包也：

　　一曰「師說」。聖人制作，守於官司；及周末文勝，軼為百家。口耳之學不能無差，則著於竹帛以授之其人，所以求傳習之廣焉。是以羲、農、黃帝之書雜出於戰國，連類於漢、魏。其後有卓越之人，為眾宗仰，法度猶傳，筆箚未錄，則知之者亦述之而仍其人。此正古人言公之旨，不必以誠偽規度者也。如《素問》《本草》《山海經》《周髀算經》《易傳》三禮《難經》《星經》，雖有偽附，又不能定其著書之人，然終不當與虛造者等視。今四庫所著錄，諸家書目所臚列，醫藥、術數之書獨多依託，良由此等學說不憑書籍以傳耳。

　　二曰「後記」。《管子》述死後事，《韓非》載李斯駁議：蓋古人書無私著，大出後學綴輯，雖有不倫，無乖傳信。故《管子》《晏子》

不可謂之偽書，猶《春秋公羊傳》成於高孫壽，《尚書大傳》錄於張生、歐陽生也。論其體例，與前類頗同。惟前在記學，學則雖遠無弗賅，縱法言多疏，師承非可悉求，亦以意聯貫為之；此在記事，事則年代不能遙，言行不能虛構：所以異也。

三曰「挾持」。或蹈偶之名，或襲散見之語。是故因倚相而有《三墳》；因老傳而有《關尹》；賈生感賦，遂作《鶡冠》；列子誇言，因成《穆傳》：其附託巧而心日拙矣。章氏曰：「劉炫之《連山》，梅賾之《古文尚書》，應詔入獻，將以求祿利也。夫墳、典既亡，而作偽者之搜輯補苴，未必無什一之存，如古文之搜輯逸書，散見於記傳者幾無遺漏。六朝古書不甚散亡，採輯之功必易為力。計不出此，藉以作偽，豈不惜哉！」是故，薛據作偽，則亦王肅也；江聲作偽，則亦梅賾也。然而一存補逸之功，一有亂古之罪者，操術不可不慎也。此偽託古昔者也。

四曰「假重」。名賢之作，為世寶貴；苟有一籍之傳，奚止十縑之價。故《小學》推晦庵，《政經》題西山，《杜解》歸子瞻，《潛虛》屬君實。此偽託近世者也。凡茲二類，胥實齋所謂奸利。「欺於朝則得祿位，欺於市足恣壟斷」：心術之蔽，有如是哉！

五曰「好事」。蓋體同於擬作，心在乎炫奇。弄數十之愚人，戲千年之古子。脫略不羈，風流自賞。明豐坊、姚士粦輩，倘其人乎！又或心懷憤激，輒欲誣陷嫁禍，僧孺《行紀》、聖俞《碧雲騢》作焉。

六曰「攘奪」。前此數類皆自作之而以偽人，此則竊人之言以為己有，於諸書中品最下矣。章氏曰：「竊人之美，等於竊財之盜，老氏言之，斷斷如也。譚峭竊《化書》於齊丘，郭象竊《莊子》於向秀，作者有知，不能不恫心於竊之者，蓋穿窬肵篋之智必有竄易更張，以就其掩著而失其本旨也。不知言公之旨，而欲自利以為功，大道廢而心術不可問矣！」予謂清代古籍大明，所不著者必已弗傳，而採輯諸書逸文，則有玉函五百餘種，抱經、平津、問經、別下、心齋、魯山百餘種，粲然畢陳，欲偽古者已無從措手，挾持好事之途庶幾可絕。獨攘奪則劇於前古，往往萬目昭昭，而攫金者咸攘臂於市。舉國化之，恬不為怪。其能竄易更張，蓋猶絕少。廉恥道喪，遂令王倫、阮逸宜尊美讓，悲哉！

七曰「誤會」。本非偽書，後人迷不能辨，遂沿傳為偽作。舉凡姚君所謂「有後人妄託其人之名者」，「有兩人共此一書名，今傳者不知為何人作者」，「有未足定其著書之人者」，皆是也。

今按，章學誠的辨偽方法可以歸納為「三維辨偽」，三維即「事——文——義」。

《文史通義‧博約中》云：

王伯厚氏，蓋因名而求實者也。昔人謂韓昌黎因文而見道，既見道，則超乎文矣。王氏因待問而求學，既知學，則超乎待問矣。然王氏諸書，謂之纂輯可也，謂之著述，則不可也，謂之學者求知之功力可也，謂之成家之學術，則未可也。今之博雅君子，疲精勞神於經傳子史，而終身無得於學者，正坐宗仰王氏，而誤執求知之功力，以為學即在是爾。學與功力，實相似而不同。學不可以驟幾，人當致攻乎功力則可耳。指功力以謂學，是猶指秫黍以謂酒也。

這段話表面上是批評王伯厚，其實是批評顧炎武，顧炎武《日知錄》正是繼承《困學紀聞》的路數。《文史通義‧說林》公開批評乾嘉漢學：「尊漢學，尚鄭、許，今之風尚如此，此乃學古，非即古學也，居然唾棄一切，若隱有所恃。」

輯　佚

毛奇齡佚詩佚文考釋

胡春麗

　　毛奇齡（1623～1713），又名甡，字大可，又字齊於，號西河，浙江蕭山人。生平著述浩富，匯為《西河合集》。《西河合集》分《經集》《文集》兩部分，經集 50 種 237 卷，文集 68 種 258 卷，共 495 卷，是收錄毛奇齡著作著作最完備的集子。然而毛奇齡所作詩文甚多，散在集外的作品仍有不少。稽考佚作，既是深入研究對象的必需，亦是全面文獻整理的要求。近年來，筆者在撰寫《毛奇齡年譜》及整理《毛奇齡全集》過程中，陸續發現了一些毛奇齡的佚詩佚文，先後撰有《毛奇齡佚文佚詩輯考》（《文津學誌》第七輯，2014年 8 月）、《毛奇齡佚文佚詩續考》（《玉溪師範學院學報》2015 年第 6 期）、《毛奇齡佚文考釋》（《古籍研究》總第 68 卷，2018 年 12 月）、《新輯毛奇齡佚作考釋》（《薪火學刊》第六輯）、《新輯毛奇齡佚作考釋》，（《天一閣文叢》第 16 輯，2019 年 9 月）、《新輯毛奇齡佚文佚詩考》（《新經學》第六輯，2020 年 10 月）、《新見毛奇齡佚文考釋》（《江南社會歷史評論》第 19 輯，2021年 10 月）。近日，筆者又從毛氏早年所刻稀見本別集及其交遊的別集、總集中，共輯得詩 2 首、題詞 1 篇、記 2 篇，緣起 1 篇，並對文中所涉人物、史實加以說明和考釋，以供研究者參考。

一、寄答施比部尚白

　　　桃花潭空夜乘鯉，曉破滄浪渡煙水。東尋蓬島返海門，為看飛花鏡湖沚。臨流晞髮枕窮石，前望雞山解為客。李白乘風浩欲行，杜老依然寄人食。茫茫高嶠吾所思，風前再讀涇川辭。越人擁楫久蒙好，慷慨悦君知不知？新潮初生舊潮去，汗漫將歸採菱渡。蒙君

-125-

許我寨桂枝，望斷淮南最深處。

按，此詩載施閏章《越遊草》卷首「贈言」，作於順治十一年（1654）夏秋。施閏章（1619～1683），字尚白，一字屺雲，號愚山、蠖齋，晚號矩齋，安徽宣城人。少年喪父，由叔父譽撫養成人。受業於沈壽民，得其指授頗多。性孝友，紹述理學，矜尚禮儀。順治三年（1646）中舉，六年成進士，授刑部主事。十三年，遷山東提學道。十八年，轉湖西道參議。康熙六年（1667），以缺奉裁，歸里。十八年，舉博學鴻儒，授侍講，預修《明史》。二十年，任河南鄉試主考官，稱得人，進侍讀。文章醇雅，尤工於詩，與同邑高詠等唱和，時號「宣城體」；與宋琬有「南施北宋」之稱。著有《學餘堂集》《蠖齋詩話》《矩齋雜記》《施氏家風述略》《青原志略補輯》等。

順治十一年夏秋，施閏章遊杭州、紹興等地，與當地諸友唱酬，成《越遊草》一卷。施念曾《施愚山先生年譜》卷一「順治十一年」條：「夏秋，先生往澍中，由西湖至蘭亭、剡溪、娥江、禹陵而返，著有《越遊草》。」施閏章《越遊草》題下注曰：「甲午夏秋。」甲午即順治十一年，此年夏秋間，施閏章遊浙，與毛奇齡定交，互以詩贈答。

《越遊草》一卷，卷首有李明睿序、顧夢遊序、施肇元序，除毛奇齡贈言外，另有丁澎、張梧、徐緘、張陞、葉雷生、沈胤范、姜廷梧、祁鴻孫、徐繼恩等人的贈言。《越遊草》現存清順治刻本，乃孤本，藏國家圖書館。

二、諸虎男先生像贊

先生鸞龍姿，軼氣橫九州。所向不得意，慷慨還林丘。方其作賦時，下筆凌王侯。以茲薄軒冕，踞坐還科頭。我來同巷居，相對忘春秋。一任道路間，礧碌驅馬牛。高松駕危石，一榻長相留。仰矚三天雲，俯視萬里流。西河弟毛奇齡具稿。

按，此詩載諸匡鼎《說詩堂集》卷首。諸匡鼎（1636～1711），字虎男，浙江錢唐人。九鼎之弟。著有《說詩堂集》，輯有《今文大篇》《今文短篇》等。詩中有「我來同巷居，相對忘春秋」語，知此詩作於毛、諸兩人同巷而居時。據諸匡鼎《說詩堂集‧橘苑文鈔》卷八《題暫遊萬里圖》：「去歲，自粵西歸，移居竹竿巷，得與老友毛翰林西河比鄰，每相聚談心。……庚辰仲呂之月，橘叟諸匡鼎題。」「庚辰」即康熙三十九年（1700），據文中「去歲」語，知康熙三十八年諸匡鼎從廣西遊幕歸杭州，旋移居竹竿巷，與毛奇齡比鄰而居。毛奇齡為諸匡鼎畫像題詩，亦當作於此際。

　　《說詩堂集》二十卷，卷首除毛奇齡所作像贊外，另有金鋐序、練貞吉序、姚若楠序、趙沈堉序、章士玢《錢唐諸虎男先生傳》、諸璧發識語。此書現存清康熙五十六年諸璧發刻本，藏南京圖書館。《四庫全書存目叢書》集部第 211 冊據南京圖書館藏本影印。

三、《刻今詩鼓吹新編》題詞

　　　　聞之「詩迄於律」，蓋唐人樹體，以是終焉。然而四韻五字，亦齊、梁濫觴，律以七字，則真唐之聲也。律七成，而體備矣。故武德以後，開成以前，為者百萬，成之數家。彼函幽達眇，探賾索隱，程材效技，準繩嘉量，遊思乎行間，而詠言乎物外，非殿最錙珠（銖），去留毫末，則纖紕細纇（纇），全體是敝。蓋其難哉！然而為之難，知之尤難。夫家異其說，人殊其致，此可通乎？荊南之歌，至今未和；東野之辯，由來莫釋。僻之以為奇，離之以為怪。空虛者矜名古情，逾軼者高許達變。向非曜夜之目，割晰幾微，慮其為淫蛙之市也。

　　　　程棟石、施又王以昭明之偉略，集河嶽之靈材，顧瞻西北，巾裾東南，旁求諸什，咸匯一乘。斯誠流風之鼓歌、屬續之絕吹矣。夫旭日映物，隨所著而各呈其形；條風披靡，憑乎材而各似其響。作者抱一心，而流連激觸，隨感成象。選者持兩目，而遷延倫類，考班定詞，得毋有同等者乎？時俗易為比體，因時屬文，即事酬制，非是勿應。爾乃甫離齒牙，即誇鍾呂，平時所為，苟屬名下，誰勿詘伏？彼被之卷帙，播之優伶，或好事者傳寫，相思者圖畫，且有鄉塾以之教誦，閨闥秘而法式。村橋野店，布施幾牖；荒碑斷榻，移易絹素。流行之漸，何殊工拙！勿謂盧家少婦，定當第一；白雲黃鶴，可置卷端也。

　　按，此文載毛奇齡《兼本雜錄》卷十一，乃毛奇齡為程棟、施諲先所輯《鼓吹新編》所作序。《（同治）蘇州府志》卷一百三十七：「程棟、施諲先《鼓吹新編》。棟字杓石，諲先字又玉。」〔註1〕鄒祇謨、王士禎輯《倚聲初集》卷四：「程棟，杓石，長洲人。」〔註2〕蔣棨《天涯詩鈔》卷三《長安道

〔註1〕《（同治）蘇州府志》清光緒九年刊本。
〔註2〕鄒祇謨、王士禎輯：《倚聲初集》，清順治十七年刻本。

中遇顧遙集述往事歌》詩末注曰：「施又王，名諲先。」〔註3〕吳騏《顧頷集・送別陳皇士王雙白施又王》，知《（同治）蘇州府志》「字又玉」「玉」字誤，當為「王」字。《（同治）蘇州府志》卷一四八：「國初吾邑之高蹈而能文者，相率為驚隱詩社，四方同志咸集，今見於葉桓奏詩稿與其他可考者……吳門陳濟生皇士、程棟杓石、施諲又王。」〔註4〕知施諲先又名諲，亦江南長洲人。

　　《鼓吹新編》十四卷，卷首除毛序外，另有王潢序。王潢序云：「吳門程杓石、施又王兩君子，以陵顏鑠謝之才，抗懷千古，其所著等身書未遽示人，姑取一時忠孝節烈、鴻名逸德之士所為聲律之作，輯而傳之，而以『鼓吹』名篇。……順治戊戌且月，白門社盟弟王潢元倬氏題於金闆舟次。」〔註5〕「順治戊戌」即順治十五年（1658），集當刻於此時，毛序亦當作於此年前後。《鼓吹新編》卷首毛序末署「於越社盟弟毛奇齡大可氏謹頓首題」，知毛奇齡與程棟、施諲先為同社友人。書藏南京圖書館、北京大學圖書館等。

　　本篇及以下諸篇，均見於毛奇齡早年單刻小集《兼本雜錄》，而《西河合集》未收入。《兼本雜錄》是毛奇齡早年文、詩話、詞話與《詩經》類著述的單刻小集，此書問世後，各主要書目少有著錄，只有來裕恂《蕭山縣志》、《東北地區古籍線裝書聯合目錄》、《北京圖書館古籍善本書目》三書著錄。此書現存四卷本和二十卷本，四卷本藏國家圖書館，二十卷本藏遼寧圖書館。四卷本篇目全部收錄在二十卷本中，知四卷本為殘本，二十卷本為足本。康熙三十八年（1699），毛奇齡將早年所刻各小集匯為《西河合集》，而足本《兼本雜錄》在收入《西河合集》時，有些篇目被刪除，另有8篇內容與《西河合集》存在或多或少的差異，文後的總評亦有刪改，體現出《兼本雜錄》具有較高的文獻價值。據潘江《木厓續集》萊戲草（起戊午一月盡七月）《毛大可為予序龍眠風雅復以所著兼本雜錄惠教諷讀之下傾倒倍至卻謝》〔註6〕，戊午為康熙十七年（1678），知《兼本雜錄》於康熙十七年七月前已刻成。而二十卷本《兼本雜錄》所收文最晚作於康熙十六年，知《兼本雜錄》當刻成於康熙十六年末至十七年春夏間。

〔註3〕蔣栝：《天涯詩鈔》，清康熙三十三年丘如升刻本。

〔註4〕《（同治）蘇州府志》，清光緒九年刊本。

〔註5〕程棟、施諲先：《鼓吹新編》，清順治刻本。

〔註6〕潘江：《木厓續集》，清康熙刻本。

四、鄮城陸生《三弦譜》記

　　予遊邢關，飲祁兵憲寓亭，座客援三弦而彈，其聲動心，詢之，則鄮城陸生也。當是時，吳門有徐生者，以南曲擅於人，與陸齊名。三弦故北曲，人嘗稱之曰「南徐北陸」云。或曰：陸生絃索雖有名，然知之者少。幼嘗學吳弦於吳門范生昆白，盡得其技，已而盡棄不用。以為三弦者北音，自金、元以降，曲分北、南，今即北音浸蔑矣，然而三弦猶饁羊耳，然而自吳人歌之，而只為南曲之出調之半，吾將返於北，使撩捩之曼引而離迤者，盡歸激決。故其為學，嘗有忤於今之為三弦者，而今之為三弦者非之。生嘗譜金詞「董解元曲」，又自譜所為《雨鴿姻緣》新曲，變其故宮，獨為刺戾偏剌之音，名「幽州吟」。駭然於人，然其時故有知者。初，宜興相公請與遊，累致千金，散去。後涿州相公、吳橋相公皆前後相善，每稱「陸先生」。陸先生終自以不知於時，嘗著《三弦譜》，欲傳後，而其書或見或沒。

　　予嘗聞其說：以為自古有六宮而無九宮，有十二調而無十一調。六宮者，黃鍾、泰簇諸律是也。陽律合陰律而得十二，然統名為「六」，故《譜》傳仙呂、中呂、南呂、黃鍾、正宮、道宮為六宮，而道宮已闕。今取金詞「董解元曲」有「道宮」名者，為之輯補，而以黃鍾宮黃鍾、大呂，時屬子、丑；仙呂宮為泰簇、夾鍾，時屬寅、卯；中呂宮為姑洗、中呂，時屬辰、巳；道宮為蕤賓、林鍾，時屬午、未；南呂宮為夷則、南呂，時屬申、酉；正宮為無射、應鍾，時屬戌、亥。若十二調，則不特元詞所存合六宮共為十二者，半屬殘闕，即相傳軒轅造律，創為一十有一之說，亦並非是。今第從元後所傳，若所稱「雙調」，宮調、商調當隸宮音角調，商角調當隸商音大石調，小石調當隸角音高平調，般涉調當隸徵音越調，歌指調當羽音，且復增一調名抉調，當宮、徵之半，而引他詞之有名者實之。

　　《譜》凡若干卷，卷若干章，章若干曲。又雜定五音高下清濁之次為按歌之法：宮音圓滿舂宏，動靜融徹；商音端雅清勁，籠納皦潔；角音駿發鮮妍，前後搖曳；徵音乾禿尖拘，遠近散越；羽音損濕斷續，長短沈咽。金、木、水、火、土，倚五音而相生；唇、舌、牙、齒、唇，隨五行而成節。故音不正則韻不清，韻不清則調不叶，調不叶則笅弦不入。古歌之最上者唱神，中唱律，下者唱聲，

神有悲歡合離，律有宮調正變，聲有開閉出入。故其入神也，分宮則欲其正，入調則欲其清，發音中充，出字外激，轉使其穩，收使其平，韻分句讀，交卸和浹，拍按馳奏，頓放狷烈，其用揩無跡，而換調有情，是謂「入神」。故絲肉相接，而彈滾分掃，轉喉下指，本立道生，可通神明，此非藝事之偶然也。

至其分別一十九韻之微，則以「東」「鍾」「江」「陽」為木，其位在東；「先」「天」「蕭」「豪」為炁，位在東北；「支」「思」「齊」「微」為火，其位在南；「歌」「戈」「家」「麻」為羅，位在東南；「魚」「模」為土，位在中央之陽；「車」「遮」為計，位在中央之陰；「皆」「來」「真」「文」為金，其位在西；「庚」「青」「尤」「侯」，位在西北。然而無麗者。《洪範五行》云：金無定位，寄生於土，故金星獨無餘者。人之不足於金也，惟天亦然。「寒」「山」「桓」「歡」為水，其位在北；「侵」「尋」「監」「咸」「廉」「纖」為宇，位在西南。乃於十九韻之中先分別九韻本聲，出音定法，如「齊」「微」之音，「衣」「歌」「戈」之音，「阿」「魚」「模」之音。於烏，此音之有字者也！「支」「思」之斥齒，「庚」「青」之穿鼻，「車」「遮」之揭舌，「家」「麻」之展輔，「真」「文」之舐齶，「侵」「尋」之闔唇，此音之無字者也。而以其餘十韻為淺深歸音之數，如「東」「鍾」「江」「陽」為「庚」「青」之歸，「皆」「來」為「齊」「微」之歸，「桓」「歡」「寒」「山」「先」「天」為「真」「文」之歸，「蕭」「豪」為「歌」「戈」之歸，「尤」「侯」為「魚」「模」之歸，「監」「咸」「廉」「纖」為「侵」「尋」之歸，而淺深分於其間焉。且更定《中原音韻》，增其義類之未備者，改其翻切音注之訛謬者，別為書若干卷。

乃又較字韻反等之法，從三十六母中分析由繹，剖其母音，而準以字韻，凡次清次濁及伸唇縮唇、平牙平齒、齒尖齒根、舌穎舌笨、上舌下舌、深喉淺喉、半徵半商之屬，悉加釐析。而又以「娘」與「泥」復，「分」與「非」復，「照」與「知」復，「穿」與「徹」復，「床」與「澄」復，「喻」與「疑」復，遂於三十六母之中刪去六母，而其法始定。至若考核弦韜，根本株橘，則知三弦十八音即六宮十二調之餘義也。「老」為天弦，其音有四；「披」為地弦，其音有十；「中」為人弦，音數同天。緊人弦為陰中之陽，寬人弦為陽中

之陰，故凡絲之數，成於三而終於六。故《譜》三彈一拍，以至六彈一拍者，分掃各應，句讀節奏，非徒為也。故《技錄》有張女四絃、蜀國四絃，唐樂有趙璧五弦，皆以類相增，漸遠古義。故嘗製三弦之法，有分音帶節、飛掛簪搊，總訣曰：「三陰三陽，旋相為宮。尋宮訪調，清濁自通。絲度影響，肉倩靈空。變無有盡，化有無窮。」其說如此。

後清師入吳，遁於三江之間者若干年。世祖皇帝聞生名，御書紅紙曰：「召清客陸君暘來。」既入，御便殿，賜坐令彈。生乃彈元詞《龍虎風雲會》曲，稱旨，賜之金。會松江提督馬君以齮首下獄，人不敢問。馬故善生，生任俠，直入獄具餉。臺臣聞者乃大駭，各起謀劾生。華亭張法曹急告之，生忼慨曰：「吾何難，仍遁之三江間耶！至尊若問我，道我病死。」言畢遂行。後上果問及，如其言，上為歎息。當是時，陸生名藉甚。生本名曜，字君暘，至是，以召君暘故，遂用字行，凡長安門刺、往來奏記，皆得直書「陸君暘」，以為榮云。

後復不得志，嘗過上海，上海名家子張均漾慕其技，生亦獨奇均漾，謂均漾知己，盡授其技，作《傳弦序》一篇。然均漾年與生等，既傳其技，人之知與不知者半生死，均漾亦頹然老。予過上海，與均漾飲，嘗惜均漾技未有傳後，而均漾亦惟恐其技之或蔑沒，因索為《譜記》，以志其概。

其餘亦有得生授者，皆不及均漾。予赴張中憲弘軒禊集，聽婺源楊生彈，疑其有異。傍一女妓謂予曰：「此故王稚卿弟子也。吳中有三王生絃索，稚卿其一。後師陸生君暘，頗有所授。」然以視座客，客無稱焉。其後有雲先生。雲先生者，盲女，有色。時妓之以盲擅名者，長洲顧桂、上海雲先生，皆以能三弦著聲於人。雲先生聞予至，願得一見，予奏其技，主於朱貢士服萬家，邀予，自辰迄申，座客張中翰以遲久捨去，遇予於途，語之，予始馳赴，而雲先生不即出，曰：「適攜弦子歸，今取去矣。取至，整容而前。」雲先生年三十，長於顧桂，然其絃索則大略相似，獨一曲有異。予曰：「此曲何人授耶？」曰：「陸先生也。」生嘗來雲間，值雲先生少艾，愛之，為授此曲去。時座客有與予曾聽顧桂彈者，予問：「何似？」

曰：「惟是曲不及耳。」夫以陸生所授，而反謂不及，此陸生之所以終難知也。

按，此文載毛奇齡《兼本雜錄》卷四，乃毛奇齡為陸曜《三弦譜》所作記，作於康熙十六年（1677）。《西河文選》卷三亦載此文，但脫文甚多，自「而其書或見或沒」至「其說如此」，全脫。此文末附徐允哲評語：「『知不知』是通篇關鍵，若其敘次錯落，雜引雜議，全從馬、楊諸傳脫來。至連以楊生、雲先生，參差作結，反覆惋歎，一何雋也！君暘故絕技，得此作，真不朽矣。」

據本文，知陸君暘本名曜，以字行，江蘇嘉定人。清初三弦高手。清初諸名士聽其彈奏，驚歎其技藝，紛紛以詩詞相贈。徐釚《本事詩》載宋琬《贈陸君暘》題下注曰：「陸善三弦子，坐客賦詩，便能歌之，真絕技也。」〔註7〕董俞《春從天上來·贈陸君暘》「當年禁廷寵召，喜子夜瀛臺，天語崢嶸。」〔註8〕陳維崧《湖海樓詩稿》卷四《贈陸君陽》：「先皇全盛十七年，江東琵琶誰第一？嶁城陸生最有名，高手能傳教坊術。……陸生老大更鳴邑，酒間笑著黃皮褶。鴛鴦湖上彈一聲，紅袖青衫盡沾濕。」〔註9〕錢芳標《湘瑟詞》卷一載《滿江紅·與陸君暘》〔註10〕。

五、《上海朱氏九世圖》記

自商臣審象，而漢、唐以後，凡救功報德，多用繪畫為惇宗之典。況影堂廟貌，尤為孝子順孫所不能自己者哉！獨《朱氏九世圖》較有異者。先是，朱氏所傳止《六世圖》，按其所自，有邦憲公者，當世廟之季，索長洲文君五峰畫始祖以下，逮己而七，而甬上沈君嘉則則為之記。五峰畫人伐罕有，而嘉則與邦憲公俱與予郡徐文長遊，今文長集中所稱邦憲、嘉則是也。特五峰所畫，其數有七，而為世則六，曰靜庵，曰壽梅，曰葵軒，曰玉洲，曰青岡，曰竹溪，曰醉石。竹溪者，青岡之弟，而醉石即邦憲公也。故嘉則題曰「七景」，景固非義。而其後續畫者有顧君侶仙，題曰「七世」，則於統系又不合。蓋朱氏世數顯矣。惟是繪象俾形，總名為貌，故孫卿曰

〔註7〕徐釚：《本事詩》卷八，清光緒十四年徐氏刻本。
〔註8〕董俞：《玉鳧詞》，《清名家詞》第三卷，上海書店 1982 年版，第 35 頁。
〔註9〕徐釚：《本事詩》卷十二，清光緒十四年徐氏刻本。
〔註10〕錢芳標：《湘瑟詞》，清康熙刻本。

「貌而不功」。今不貌其貌而貌其字，夫名為形表，而字又為名表，貌以字則表之至矣，然而孝子之用心若有見似如見是者。

乃邦憲公後，其曾孫周望補其王父、伯王父與父嗣醉石後者，凡三圖，命同年生檇李錢君仲芳圖之，曰「半石」，曰「九石」，曰「廉石」。半石者，九石之兄，而己則又遣族人之善繪者為一圖，曰「拜石」，凡世三而圖四。先是，嗣醉石後，早有華漕、婁江二圖，即顧君所畫者。蓋醉石多子，華漕與半石、九石皆兄弟行，而婁江、廉石實為群從，則是圖凡十三，而其為世者實惟九也。

予忝與周望遊，暨來上海，館其家。出十三圖觀之，見有所為縛盧而辭嘩者，靜庵也。有樊圃以梅，而老幹披離，壽梅也。若夫藝葵於軒，雖雜植頗賾，而葵挺然，曰「葵軒」。嘉則《記》曰：「公已就選人，擬注御史，而有抑之者，不大用，故慷愾植葵，以誌不盡之忠云。」至玉洲者，故授清江市舶司提舉，不之官，而以山水自閒，是以所圖一洲如拭，有民居而無市舶，雅似乎公。乃若青岡，則秋林變衰，見巋然一岡，負崖青青，儼然為御史時坎壈，而昂藏有不可犯之光，猗歟偉哉！於是有緣溪而種竹者，竹溪是也。竹溪，御史介弟，所謂「第五之名，不臧驃騎」者也。有石穹然，中臥醉人鼾鼾然，則為醉石。夫以公之文章與其意氣，固為眾醉之獨醒，而顏以「醉石」，嘉則曰：「此其寄云。」

乃自是以後，則悉以「石」著，若有感乎醉石之為人者。繼之者為九石，九石者，有如九峰。而其兄以水部郎居石之半，巉岩獨上，旁無倚藉，曰「半石」。其子亦以水部郎當石之廉，鋒棱岵崿，卒以官死，曰「廉石」。至於今廉石之子周望，每念公死忠，諮嗟涕洟，故號「拜石」者，以為志也。乃拜石以順天名魁領袖群彥者數十年，終就信州司刑，作廉隅繼，可謂能孝。若夫華漕之躭隱於花源，婁江之放情於江浦，皆以意象之，而即得焉耳。

夫人居平好古，即偶然卷軸，古筆良墨，致足把翫。加以先人所收拾，則家珍相壇，自非狂惑，鮮不保護拂拭，以為世守，又況乎先人之字號所彷彿而傳焉者乎？然則《記》所稱「無形之視，無聲之聽」，真孝思之極，而不可已也。至若世不限九，則自此以往，仍以俟之後之繼之者，乃為贊。贊曰：

於惟沛國，代踵偉人。居成良士，出為名臣。肇自洪永，迄啟禎年。列朝登籍，九世以親。方其啟基，文傳麒麟。壽梅之集，久為世珍。雖繼此者，將冠惠文。不既厥用，老於蔡根。況當甫仕，即營洲田。新生舊吏，多半在門。嗣此侍御，都亭埋輪。鄉名宦跡，國史未湮。公子何為，自署酒民？雄文纛氣，世莫與倫。有子鳳毛，冬官是尊。孫復繼起，為司空鄰。今其孫子，刑法肇詢。與時不合，言歸江村。斯圖有竟，禪世未愆。亦曰後來，似此振振。

按，此文載毛奇齡《兼本雜錄》卷四，乃毛奇齡為上海朱在鎬家藏《九世圖》所作記。據文中「予忝與周望遊，暨來上海，館其家」語，知此文作於毛奇齡館上海朱在鎬家時。毛奇齡《填詞六·桂枝香·即事》序曰：「馬丹谷伎席，有小鬟後至，病不能作伎，坐侑間，詢何名，曰：『未也。』張弘軒先生以其氏李，且病中遲至，取『翩何珊珊』之句，贈名『翩來』。同席者各為詞記之。予與張南士、朱拜石、丁殿生、徐西崖、莫蕙先並作《桂枝香》詞。時康熙十六年二月三日。」〔註11〕毛奇齡《詞話》二：「康熙丁巳，上海多遊客，馬丹谷廣文伎席……此《桂枝香》調也。時小鬟得詞，歡然謝去。」〔註12〕上兩文所述為同一事，知康熙十六年丁巳（1677）春，毛奇齡客上海，此文當作於本年。《（同治）上海縣志》卷二十：「朱在鎬，字周望，自號拜石老人。長世子。在鎬，明崇禎十五年舉人，國朝任廣西推官，有賢聲。曾以三千金贈貧友。歸田後，宦橐蕭然，日與曹垂璨、張錫懌輩酬唱。」〔註13〕此外，毛奇齡客上海時，又為朱在鎬《記年圖》題詩，見《西河合集·五言絕句三·題朱拜石司理記年圖》。

六、朱道人《播痘禁方》緣起

古方書無治痘法。《黃素》以下，自鴻術、醫緩、程高、淳于意輩善為知物，有治按可考驗者，皆不及痘。近瘍醫家率以意醫，竊臆諸陰陽水火互相抵攻，號為專門，究之已在死法中，必不能生，生者反聽之死，名為治之，實任之矣。

家嬰齗於痘久矣。曾遊淮陰，漕使君林君、司法俞君各以齗嬰迎瑞州朱道人播神痘法。其法以瘡苗少許薰衣炙被，或布籲喻，用

〔註11〕毛奇齡：《西河合集》，清康熙書留草堂刻本。
〔註12〕毛奇齡：《西河合集》，清康熙書留草堂刻本。
〔註13〕《（同治）上海縣志》，清同治十一年刊本。

氣道氣，發之有神，因名「神痘」。林君昔曾著《痘經》三卷，關近代瘍醫家，既已鏤板行世，見道人法，悉劚所鏤板，榜示淮服十一邑暨維揚上下，使各迎播，全活者不啻十萬。時予謁道人，句其術，道人奇予，許之，凡三至，而語以秘。淮陰薦紳學士句者若干人，不得也。既而予挾其術歷遊梁、宋、楚、豫間，不敢試。越五年，俞君薦道人於朝，凡掖庭內外諸親王、大臣以下，悉試其術，報驗，稱為「朱仙」。

今朱仙死三年矣。東南行其法者，多竊取遺意，未經指授，雖稍效，予懼其未盡，思以驗之。適姜生公望從都門來，亦親受道人法，與證之，大喜，特恐世之未能信也。夫世之未信者，亦親見布之有效，而惟慮百傚之中，或失其一，是故猶豫。而吾以為百效而百不失者，何也？夫痘之所發，雖兆胚胎，然因之者，五府也，五府有偏沴，而痘實因之。因肝、腎者，十不一生；因心、脾、肺者，百不一死。夫人而知之矣。今播之者，亦惟心與脾與肺之是因焉耳。曾有痘因於心與脾、肺，而猶謂有一失者乎？即或所受有淺深，所發有疏蹟，要其禁方自在也。故神痘始楚。楚有夢神持詰者，亟謂之云：「上帝授敕，經無五花，汝知之乎？」時不能解，疑為制舉，有變經也。及湖劉道人以播痘，至有云：「世之為痘，出自五經；吾之為痘，出自三經。」然後解之：花者，痘也；三經，心、脾、肺也。無五花，無死法也。且《周禮》不云乎？《醫師》掌醫之政令，歲終稽事，十全為上，十失一次之，十失四為下。今自行之痘，其為十四者，幸矣。播痘百全，即或失一，較之醫政，猶然在十全以上。其宜尊信，尚當百倍於今之瘍醫，況萬無一失乎？

若謂「播之將復行」，則尤非也。夫播痘，痘也。使播痘而非痘也耶，則復行宜也；播痘而痘，則痘不二行矣。三古無痘症，漢始有之，然發不至再。相傳漢武時樓船將軍征西南夷，故流中國。或曰：建武中，伏波南征，染之入。「漢武」者，「建武」之誤也。然惟漢後入中國耳，今朔方無此，此可驗矣。信然，則痘以氣接，彼薰此染，因之流行，故用氣道氣、薰染之，理也；染之復有染，非理也。夫自行之痘，氣也，神行之痘，亦氣也。同一氣也，自行只一氣，而謂神行有二氣，可乎？然而播痘，理也，而必籍神以行者，

則又何與？《禮》曰：「灶者，老婦之祭也。」今之播痘者基之。萬曆己丑，有楚彭節婦虔事灶神三年，遂有客至家，問其所為，則治痘者也。婦歎之謹，客類巫覡，傳以詰辭，夜夢天姥者授秘訣，及覺而客遺影去，孤賴之存，自此遞傳以為常。

　　湖有劉文宇道人，能張其教，行楚邵陽、祁陽間。江右吉安進士劉君故遊楚，奇之，遂躬迎至吉。有太常朱君、太僕曾君發帑申請，首挈其子於上城率眾禱祀，彌五旬，全活萬餘。今所受法，以是矣。太常有言：天姥有神禱之，繁者踈，險者平。蓋神道亦固有然者。古者疾不廢禱。況法有攸始，先痘之祭，抑亦先蠶、先嗇之遺意也夫？

　　按，此文載毛奇齡《兼本雜錄》卷十一，乃毛奇齡為朱道人《播痘禁方》所作序。朱道人，據毛奇齡《坡山朱氏族譜序》：「朱茲受先生客遊淮陰，往以種嬰男秘痘得禁方書，自漕部、使下及於令、丞，皆迎而師之，且將赴內廷親王、諸大臣召。而予以家嬰之厄於痘而思救之也。謂先生以秘術生天下嬰，當蕃其族姓，以饗其報。而先生坡山宗也，出《坡山族譜》，屬予為敘。」知朱道人字茲受，餘未詳。

　　《播痘禁方》未見於公私書目，當已佚失。據書名，知是治痘的醫方。據文中「曾遊淮陰……時予謁道人，勾其術，道人奇予，許之，凡三至，而語以秘。……既而予挾其術歷遊梁、宋、楚、豫間，不敢試」語，知毛奇齡在康熙二年流亡淮安時，交朱茲受，得其所傳《播痘禁方》。

　　以上毛奇齡的六篇佚文，對於我們瞭解毛奇齡的文學創作、樂學觀、生平交遊乃至清前期文化諸方面均有一定的價值。

綜　述

遼金元四書學研究綜述

周春健

　　四書學是朱子學的核心，也是理學發生發展的重要基礎。對於中國後期「封建社會」而言，四書學無論在思想領域、政治領域，還是在教育科舉領域、社會生活領域，都曾經產生過深刻的影響，值得深入研究。

　　「四書」系統又是以朱子為代表的宋明理學家通過對「四書」的詮釋而形成的新的思想系統，因此，研究四書學其實便是對宋明儒學思想系統的整體把握。宋代以後追隨朱子而以「四書」為題的著述為數不少，僅程樹德（1877～1944）《論語集釋》一書相關參考文獻就列有七十餘種。但近代以來，卻較少有以「四書學」為題的重要著述出現。究其因，乃與宋明理學先後受到乾嘉漢學與清末民初西學的衝擊有關，它導致這一傳統在知識與價值兩方面的衰落。其後治儒學者多採取治一經或一家的學術路徑，即使與宋學關係密切的現代新儒家如牟宗三（1909～1995），也未曾遍講「四書」。然而，要確切把握宋明儒學發展的思想史意義，以及打通現代社會與古典時代的思想關聯，四書學是一個極其重要的觀照點。隨著近年來關懷傳統思潮的興起，現當代的四書學研究也開始興起並逐漸深入。就遼、金、元四書學而言，相關研究略述如下：

一、關於遼、金、元四書學史之研究

　　四書學史研究是四書學研究的重要內容，其中既包括通代史，又包括斷代史；既包括「四書」總義，又包括「四書」單經。這其中，皆有與遼、金、元四書學史相關之內容。

　　關於「四書學通史」之研究，臺灣學者傅武光早在 1973 年撰《四書學考》

（新文豐出版股份有限公司 2005 年），綜論歷代「四書」。日本學者佐野公治《四書學史の研究》（東京創文社 1988 年），是學界較早以「四書學史」命名的研究著作，該書以明代四書學研究為主體，部分章節對元代四書學的發展有所涉及，比如第二章探討了四書學在元代思想界的位置，第四章考察了元代以《四書集注》為對象的注釋書的概況，並擇胡炳文《四書通》、倪士毅《四書輯釋》作專節討論。朱修春《四書學史研究》（中國文史出版社 2005 年）首先討論了關於宋元四書學的三個問題，又對明代四書學的變化加以揭櫫，然後以重點篇幅梳理了有清一代四書學的發展、興盛與衰落；其中所揭示的宋元四書學的三個問題中，便談到了四書學如何在理學步入正統意識形態的過程中發揮其重要作用，以及「四書」作為科舉經典文本地位的確立及其帶來的影響。周春健《宋元明清四書學編年》（臺北萬卷樓圖書公司 2012 年），則對宋代四書學建立以來至於清末八百餘年的歷史，以編年條目形式理晰並加考證，屬學界首部「編年體」的四書學通史，可以為進一步的四書學理論研究提供歷史脈絡和文獻信息。

關於「四書學斷代史」之研究，以所論年代先後為序，主要有朱漢民、肖永明《宋代〈四書〉學與理學》（中華書局 2009 年），本書重點討論宋代四書學的發展及其特徵，對元、明時期的四書學亦有所涉及。陸建猷《四書集注與南宋四書學》（陝西人民出版社 2002 年），重點討論南宋時期的四書學。姚大力《金末元初理學在北方的傳播》（載《元史論叢》第二輯 1983 年）、魏崇武《金代理學發展初探》（載《歷史研究》2000 年第 3 期）、晏選軍《金代理學發展路向考論》（載《北京師範大學學報》2004 年第 6 期》）等學術論文，在理學視野下涉及了金代四書學發展脈絡以及趙秉文、王若虛、李純甫等相關學者。黃孝光《元代的四書學》（臺北西南書局有限公司 1978 年），全書分五章，分別為「元初四書學的形成」、「元儒與四書學」、「元儒四書學的師承與特色」、「學校、科舉與四書學」及「元代君臣與四書學」，文後附錄「元人有關四書研究著作目錄」，是現代最早的元代四書學史研究專著。陳榮捷《朱學論集》（臺北學生書局 1982 年）中亦有專門文章討論「元代的朱子學」。顧歆藝《四書章句集注研究》（北京大學 1999 年博士論文）第十章《〈四書章句集注〉的影響》，討論了《四書集注》在元代地位的提高過程。臺灣「中央研究院」中國文哲研究所籌備處 2000 年編《元代經學國際研討會論文集》收錄有元代四書學相關論文多篇，比如夏傳才強調了元代經學的過渡性作用：「元

代繼續這個歷史進程，接受了程朱之學的經傳和理學思想為官方學術，並把它傳承到明代。元代經學在經學發展史上的主要作用是居於宋、明之間的傳承作用。」趙琦《金元之際的儒士與漢文化》（人民出版社 2004 年）對南宋理學四書學在北方的傳播有所梳理。丁為祥《學術性格與思想譜系——朱子的哲學視野及其歷史影響的發生學考察》（人民出版社 2012 年）談及朱子哲學的後世影響及其演變時，曾闢專節討論「元代的朱子學」，其核心正是元代四書學。一些經學史著作，如錢穆《經學大要》（臺灣蘭臺出版社 2000 年）、章權才《宋明經學史》（廣東人民出版社 1999）、葉純芳《中國經學史大綱》（北京大學出版社 2016 年）等，均曾談及以四書學為核心的元代朱子學的發展。周春健《元代四書學研究》（華東師大出版社 2008 年），對元代四書學興起的歷史文化背景、元代四書學官學地位的制度化、元代四書學的地域分布與學術師承以及元代四書學的學派譜系及其特徵，進行細緻考辨，並附錄完備的「元代四書學著述考」，較好地突顯了元代四書學在中國思想史上的獨特地位。臺灣大學涂雲清的《蒙元統治下的士人及其經學發展》（臺大出版中心 2012 年），考察了元代「四書」的地位以及正式凌越「五經」的過程，並對元代經學發展中的利弊、元代經學的發展與分布、元代經學的特點、元代經學的歷史定位有所總結，屬於近年來用力較深的一部專著。

關於「四書」單經的學術史研究，代表性成果主要有：臺灣廖雲仙《元代論語學考述》（臺北新文豐出版公司 2005 年），首先對朱子《四書集注》興盛於元代的原因作出分析，強調了《四書集注》的嚴謹可法、精粹可取以及元代帝王的獎勵與提倡，又對元代《論語》學著述按內容作出分類（以朱詁朱之屬、發明朱子《集注》義理之屬、補充朱子《集注》訓詁考證之屬、舉業之屬、與朱子《集注》立異之屬等），在「分論」部分對元代《論語》學代表性著述如陳天祥《論語辨疑》、金履祥《論語集注考證》、劉因《論語集義精要》、胡炳文《論語通》等八部專著作出詳細考述。唐明貴《論語學史》（中國社會科學出版社 2009 年），闢專章討論「元代的《論語》學」，重點討論了疏疑訂訛悉究其義的《論語集注考證》、駁正朱注獨發己見的《論語辨疑》、宗主朱注的《讀論語叢說》。董洪利在《孟子研究》（江蘇古籍出版社 1997 年）第十章《元明兩代的孟子研究》中，討論了《孟子》在元代地位的極大提高，金履祥、許謙的《孟子》研究，陳天祥《四書辨疑》對朱子的批評，並重點介紹了趙德《四書箋義》、張存中《四書通證》、袁俊翁《四書疑節》、史伯璿《四

書管窺》等幾部宗朱著作的《孟子》部分。王其俊《中國孟學史》（山東教育出版社 2012 年）列「元代的孟學」一章，重點討論「許衡、劉因、吳澄與孟學」、「金履祥著《孟子集注考證》」、「許謙著《讀四書叢說》」。金春峰《朱熹至元儒對〈大學〉的解釋及所謂「朱陸合流」問題》一文（載《元代經學國際研討會論文集》），可算作一部簡要的「宋元《大學》闡釋史綱」。姜廣輝《評元代吳澄對〈禮記〉的改編》認為，「至於《四書》，並不在吳澄的禮學體系中，他以《大學》、《中庸》入「四書」，雖說是將二書升格為聖賢之書，而與《論語》、《孟子》合編在一起，但無論是單從《禮記》的角度看，還是從其整個禮學體系的角度看，都應視為一種刪削。這無疑是受了朱子的影響」，由此亦可見元代四書學對於五經學所產生的影響。

二、關於遼、金、元四書學者及相關著述之研究

宋代以來，隨著四書學的發展，逐漸形成一個「四書學者」群體，以「四書」為傾力研究的對象；有學者雖非專治四書學，但因四書學的興起，亦對之有所關注並有相關論述問世。今人之研究，有以相關四書學者為對象者，亦有以相關四書學著述為對象者。

關於「相關四書學者」之研究，錢穆先生在《宋明理學概述》一書中，單列「金元諸儒」一節，對李純甫、趙復、姚樞、許衡、劉因、吳澄六人之學術作了簡要評述，此六人皆為金元時期四書學史上之重要人物。之所以討論「金元諸儒」，乃是試圖考察宋代以來形成的重視心性的「大傳統」、「大原則」，「若上面臨制以一種異族政權之統治，無疑的決不能發皇暢遂，而必然會曲折改變其面目，轉移其方向，而循致忘失其精神」，可見其問題意識依然來自於金、元二朝的特殊王朝性質。錢穆又曾專門作《吳草廬學述》（載《中國學術思想史論叢》卷六），進一步彰顯吳澄之四書學。對於金代四書學者的研究，相關論文主要有方旭東《儒耶佛耶：趙秉文思想考論》（《學術月刊》2008 年第 12 期）、劉輝《趙秉文理學研究略論》（《社會科學戰線》2009 年第 12 期）、周春健《試論金人趙秉文的孟子學》（《學術研究》2014 年第 2 期）、唐明貴《金代王若虛經學特色探論——以〈論語辨惑〉為考察對象》（《遼金歷史與考古》第 4 輯 2013 年）、全廣秀《金儒李純甫〈四書〉學析論》（《傳統中國研究集刊》第 22 輯 2020 年）等。

元代四書學者較金代繁盛許多，徐遠和《理學與元代社會》（人民出版社

1992 年）一書，分為「元初理學的傳播者」、「魯齋學派」、「靜修學派」、「草
廬學派」、「北山學派」、「徽州學派」、「元代陸學」數章，從學派的角度重點討
論了趙復、郝經、許衡、劉因、吳澄、金履祥、許謙等人的理學思想，這些學
者同時也是元代四書學的代表人物。侯外廬《宋明理學史》（上）（人民出版
社 1997 年）、蒙培元《理學的演變——從朱熹到王夫之到戴震》（福建人民出
版社 1984 年）、朱漢民《中國學術史·宋元卷》（江西教育出版社 2001 年）
等著作中，對元代四書學者亦有涉及。臺灣大學中文系史甄陶的《家學、經
學和朱子學：以元代徽州學者胡一桂、胡炳文和陳櫟為中心》（華東師大出版
社 2013 年），主要對新安學派的經學開展研究，其中便包括新安學派的四書
學。單篇論文又有周良霄《趙復小考》、白鋼《許衡與傳統文化在元代的命運》
（二文皆載《元史論叢》第五輯 1993 年）、李霞《論新安理學的形成、演變
及其階段性特徵》（《中國哲學史》2003 年第 1 期）、晏選軍《南北理學思想匯
合下的郝經》（《晉陽學刊》2003 年第 6 期）及《元初北方理學流衍與士人遭
際——以許衡、劉因比較研究為代表》（《寧波大學學報》2004 年第 6 期）、日
本學者三浦秀一《13 世紀北中國的程朱學與許衡的思想》（《湖南大學學報》
2017 年第 1 期）、許家星《饒魯對朱子〈孟子集注〉的批判性詮釋及意義》
（《中山大學學報》2015 年第 1 期）及《〈四書集注〉定本之辨與朱子晚年定
見》（《中共寧波市委黨校學報》2020 年第 6 期），另有周春健系列論文，如
《元代新安學派的四書學》（《中國哲學史》2007 年第 2 期）、《論元儒許衡的
四書學》（《嶺表哲思》，中山大學出版社 2010 年）、《元儒吳澄與〈中庸〉三
題》（《經典與解釋》第 26 輯 2008 年）、《論元儒吳澄的四書學》（《儒家典籍
與思想研究》2013 年輯）、《元西域人廉希憲與孟子學》（《杭州師大學報》2016
年第 4 期）、《論朱子學視域下元儒許衡的孟子研究》（《安徽大學學報》2021
年第 6 期）等。這些學術論文對相關學者的四書學特點多有揭示，深化了元
代學術的研究。

　　關於「相關四書著述」之研究，楊昶《元代「四書類」典籍述略》一文
（《文獻》1996 年第 1 期），對元代四書類典籍進行總說，並對今存代表著作
作了簡要評述。《元代經學國際研討會論文集》收錄兩篇文章，一篇是林慶彰
《元儒陳天祥對〈四書集注〉的批評》，對陳著《四書辨疑》進行了較細緻的
剖斷，另一篇是廖雲仙《許謙〈讀論語叢說〉序說》，專論許謙四書學名作。
顧永新《從〈四書輯釋〉的編刻看〈四書〉學學術史》一文（《北京大學學報》

2006 年第 2 期），通過對《四書輯釋》成書、重訂及刊刻的考察，認為倪氏此書薈萃陳、胡二家之說，集眾家之長，是對南宋以來四書學的很好總結，並修正了《四庫總目》以該書屬「為經義而設」的帖括之學的傳統觀點。另外，有周春健系列論文，如《金人王若虛〈孟子辨惑〉考論》（《中國哲學與文化》第 12 輯，2015 年）、《許謙與〈讀四書叢說〉》（《中國典籍與文化》2007 年第 4 期）、《金履祥與〈論孟集注考證〉》（《中國典籍與文化》2009 年第 1 期）、《元人陳天祥與〈四書辨疑〉》（《經典與解釋》2011 年輯）、《元人年譜傳記類著述考議》（《從古典重新開始：古典學論文集》，華東師大出版社 2015 年）等。又有許家星系列論文，如《朱子四書學的羽翼與修正——以元代〈四書箋義〉為中心》（《北方論叢》2013 年第 5 期）、《「羽翼朱子而有功於聖門」——論〈四書纂箋〉述朱與訂朱兼具的學術特色》（《南昌大學學報》2019 年第 3 期）、《「科場稱雄」抑或「強學待問」——以〈四書疑節〉為中心論元代「科舉」與「研究」的一體化》（《南昌大學學報》2014 年第 4 期）、《「字義」與「經疑」的一體——論〈四書通旨〉對「四書」詮釋體式的新探索》（《中國哲學史》2014 年第 4 期）等。這些研究，立足於金、元四書學的具體作品進行細緻探研，較之以往對於金元學術的籠統評價進一步走向了深入。

三、關於遼、金、元四書學相關論題之研究

在四書學史的視域下，一方面，理學原有的諸多命題如「格物」、「工夫」、「心性」、「道統」等，都被賦予了新的意義；另一方面也產生了一些新的論題，如「四書」詮釋與學術史、四書六經觀、四書類著述體式與學術思想、四書學與科舉制度等。

前者如朱漢民《朱熹〈四書〉學與儒家工夫論》（《北京大學學報》2005 年第 1 期）認為：「朱熹《四書》學其實就是一套完整的關於『修己治人』的儒家工夫論。從《四書》的文本意義及朱熹對《四書》詮釋來看，朱熹的《四書》學堅持了聖門第一義的實踐精神，將儒學建構成如何成就內聖外王的儒家工夫論體系。」吳震《格物誠意不是兩事——關於朱熹工夫論思想的若干問題》（《杭州師範大學學報》2014 年第 6 期）認為：「朱熹所言『格物致知與誠意正心不是兩事』之說乃是其工夫論思想的終極之論，此論意味著格物與誠意既可兩立又不可分離，但這種不可分離又不具有渾然合一性。朱熹若能堅持格物致知至誠意正心乃同屬『明明德之事』的立場，則格物誠意不是兩事的觀點始能真正落實，由此可以建構起一套義理自足的儒學工夫論的理論形態。」而錢

遜《〈四書集注〉與中國文化傳統──兼談「道統」的實際內容與意義》（《朱子學新論──紀念朱熹誕辰 860 週年國際學術會議論文集》1990 年）、徐公喜《宋明理學四書學與道統觀》（《廣州社會主義學院學報》2010 年第 3 期）、朱漢民《〈四書〉學整合中的道統與政統》（《社會科學》2019 年第 9 期）、陳逢源《「傳衍」與「道統」──〈四書大全〉中黃榦學術之考察》（《孔學堂》2020 年第 2 期）等文章，則重點討論了宋、元、明、清四書學發展過程中「道統」與「政統」之間的張力。

　　後者如許家星《宋元朱子四書學詮釋紛爭及學術版圖之重思──以史伯璿〈四書管窺〉對饒魯的批評為中心》（《中山大學學報》2020 年第 5 期），認為「《管窺》以批判饒魯之學為中心，旁及宋元四書學史上影響深遠的數家重要著作，其意在於通過對饒魯異於朱子說的反批評，達到維護朱子思想的權威性目的，體現了宋元朱子學內部詮釋分化、多元甚至背離的傾向，並塑造了朱子學詮釋史上以批判為主的新題材」。又，「四書六經觀」是四書學理論體系的重要內容之一，周春健《論元代學者的四書六經觀》（《哲學研究》2014 年第 5 期），將元人之「四書六經觀」分為「述朱派」、「反朱派」、「申發派」三種類型，展現了元代四書學之多元面目。而劉成群《「附錄纂疏」體經學著作與「四書五經大全」的纂修──以元代新安經學為敘述中心》（《中國典籍與文化》2013 年第 3 期）、周春健《元人年譜傳記類著述考議》（《從古典重新開始：古典學論文集》，華東師大出版社 2015 年）等，則從「著述體式」的角度探尋體式與思想之間的內在關聯。谷繼明《試論宋元經疏的發展及其與理學的關聯》（《中國哲學史》2014 年第 1 期），將著述體式放置到傳統注疏體式發展史的視域下，認為「宋元經疏的發展，首先以新的核心經典群體和新的權威注釋為基礎，然後產生了最初的『附錄』纂輯。到了元代，集疏之風大盛」，並認為「宋元經疏的發展是理學研究的重要方面」。對於金元時期四書學而言，「四書」與科舉的關係是極為重要的一個方面，比如美國學者艾爾曼《南宋至明初科舉科目之變遷及元朝在經學歷史的角色》（載《元代經學國際研討會論文集》第 106 頁）認為：「給予中國文人一些象徵性的補償是外族在中國取得政權合法性的合理付出。勝利總是在最重要的事務上被紀念和慶祝，中國文人的文化勝利便是在文人之間，以及在以道學為主的科舉所不斷生產的經學正統中被紀念。」著名元史研究專家蕭啟慶在《內北國而外中國：蒙元史研究》（中華書局 2007 年）及《元代的族群文化與科舉》

（臺灣聯經出版社 2008 年）兩部專著中，有多篇文章皆涉及元代科舉與四書學問題，如《元代科舉與菁英流動：以元統元年進士為中心》、《元代科舉與江南士大夫之延續》等；劉海峰、李兵《中國科舉史》（東方出版中心 2004 年）、薛瑞兆《金代科舉》（中國社會科學出版社 2004 年）、申萬里《元代科舉新探》（人民出版社 2019 年）等科舉學專著，對金、元四書學與科舉的關聯亦有討論。

結　語

　　應當說，近些年來，中外學界對於包括遼金元時期在內四書學的研究逐步加強，這對於突顯四書學作為一門特殊學術體系和後期「皇權宗法社會」統治思想的重要性及獨特性，具有推進作用。通觀已往四書學研究，在如下方面取得了明顯成績：

　　第一，關於四書學奠基之作《四書集注》及奠基人物朱子思想學術的研究，成果集中且不斷走向深入。既有文獻學角度的梳理考辨，又有詮釋方法、詮釋特點的總結提升；既有對《四書集注》的整體研究，又有對朱子針對「四書」單經之章句集注之分別研究。宋代四書學產生之後，由《四書集注》派生的諸多四書學著述及相應學者的研究，也成為學界傾力的一個重點，並有相當數量的成果問世，推進著四書學研究走向細化。

　　第二，在「四書」詮釋學研究方面，海內外學者從哲學角度對《四書集注》等經典的詮釋方法有所總結提煉，某些觀點還能給人以深刻啟示：比如有學者指出從「四書」到「四書系統」轉變過程中，「四書」論說結構的變化（如陳少明《「四書」系統的論說結構》，載《中國哲學與文化》第 9 輯，灕江出版社 2011 年）；比如有學者認為朱子詮釋學存在「跨文本詮釋」和「融貫性詮釋」的分別（劉笑敢《詮釋與定向——中國哲學研究方法之探究》，商務印書館 2009 年）等。

　　第三，世紀之交，往往是學術史總結的關鍵時期，四書學通史及斷代史的問世，表明學界對於四書學學術史的重視。從已有成果來看，基本涵蓋了宋、金、元、明、清各個時代，某些時期甚至不止一部。而且在四書學史的研究過程中，一方面，某些過去輕略的時期得到了應有的重視——比如遼、金、元時期；另一方面，也提出了某些較為新穎的學術觀點——比如朱子四書學到底如何形成、遼金元學者的四書學觀念等。

不過對於遼、金、元三朝而言，四書學的研究還有待更深入推進：

其一，儘管學界對於遼、金、元三朝四書學有所涉及，但對於「四書」如何在遼、金、元三朝實現傳播，三朝四書學有何獨特的學術特徵，包括三朝四書學代表學者及代表著述的深入探研，依然需要加強；

其二，以往的諸多研究，依然是在「理學」的框架下研究遼、金、元三朝四書學，如何將「四書學」從「理學」研究中剝離出來，突顯「四書學」的獨立性，是一個值得重視的學術問題；

其三，對於遼、金、元三朝而言，既有異族王朝性質上的特殊，又有南北地域阻隔上的現實，三朝士人觀念上因此存在較為明顯的「道勢衝突」，這一問題在遼、金、元三朝四書學史上如何體現，尚需要更深入地探研。

實學視域下李塨經學思想研究述評

朱芳穎

　　李塨（1659～1733），字剛主，號恕谷。直隸蠡縣曹家蓑人（今河北省蠡縣西曹佐村人），世稱恕谷先生，是清代實學的重要代表人物。作為清初「顏李學派」中享譽盛名的李塨在「顏李學派」思想的傳承發展上十分重要。與講求「經世致用」、反對著書立說的顏元不同，李塨善問好學，在與清初眾多哲學家、政治家、思想家、文學家的交往中，除了廣泛傳播顏元以「習行經濟」為中心的經世思想外，博採眾長形成了高於顏元的經世思想，並以此詮釋儒家經典，在對儒家核心要義的把握上，李塨突破了程朱理學以「居靜存養」、「讀書窮理」、「格物致知」為核心的局限，也突破了陸王心學以「明心見性」、「知行合一」、「致良知」為核心的局限，轉而建立了以「習行經濟」、「六藝實學」、「正德利用厚生」為核心的政治哲學；另一方面，由於李塨容納了清初盛行的考據之法，形成了以訓詁考據為依託、以經世致用為目的的經學著作。李塨經學的代表作有《周易傳注》、《大學傳注》、《中庸傳注》、《論語傳注》、《傳注問》、《大學辨業》、《小學稽業》、《聖經學規纂》、《評書訂》、《擬太平策》、《田賦考辨》、《閱史剳視》等。

　　李塨經學中的經世思想揭示與批判了在田制、水利、漕運、賦稅、荒政、兵制、邊防、吏治、科舉等方面的社會弊端，也提出了各種改革時弊的方案，涉及哲學、教育、政治、史學、軍事、經濟等方面。具體而言，李塨著有兼採象數、義理的《周易傳注》，論及天道和人事，以人事為主，巧妙地融合了以「實文實行實體實用」為基本宗旨，以「傳承道統康濟民命」為根本目標的顏李實學思想；《大學傳注》、《中庸傳注》、《論語傳注》、《傳注問》等傳注類作品是李塨將經學與「六藝實學」融合的大膽嘗試；《小學稽業》作

為一部可供小學階段使用的優秀教材，展現了李塨區別於顏元的經世教育思想，與《大學辨業》一同貢獻於清代小學的研究；《平書訂》作為評價王源《平書》的政治著作，體現了李塨經邦治國的政治見解。除此之外，《田賦考辨》、《郊社考辨》、《禘祫考辨》《學禮》、《擬太評策》展現了李塨對在「禮」上如何管理百姓的見解；《閱史郄視》集中了李塨以史為鑒、憂國憂民的經世史學思想；《擬太平策》凸顯了李塨在經濟、軍事方面的經世思想等等。對此，筆者將根據學界對李塨文獻整理、李塨生平、李塨實學、李塨易學與實學關係、李塨經學中易學外思想的研究成果，按時間順序羅列，試圖對此作出一番評述，以就教於方家。

李塨經學思想必然涉及李塨實學思想。李塨幼年在父親李明性的指導下，接受了嚴格的經學訓練，有著堅實的經學基礎。李明性過世後，李塨從學於顏元，一改對宋明理學的信仰，繼承了以「實文、實行、實體、實用」為基本宗旨，以「傳承道統康濟民命」為根本目標的顏李實學思想，並終生以宣傳顏李實學為己任。在廣泛交友和遊學、從政的過程中，李塨從顏元那接受的實學思想不斷得到驗證、擴充和考驗。隨著清代學術思潮的發展，李塨遊學於南方，看到南方對考據之法的推崇，接觸到毛奇齡、胡渭等眾多經學家，漸漸將考據之法納入自己的研究方法中。一方面，藉此考證經典，論證顏李實學的合理性、對古聖先賢經世理念的繼承；另一方面，借考據之法彌補顏元實學思想在理論闡發上的不足。李塨晚年的經學成就雖高於其在實學上的造詣，但這並非李塨自主的選擇，而是時代的選擇。因而，對李塨經學思想的考察，在關照李塨經學相關文獻整理的基礎上，不得不考察李塨的實學思想、生平（包括學術交往和從政經歷）以及明末清初學術思潮的轉變，可謂環環相扣，缺一不可，每一部分都作為另一部分的一個側面，展現出清初儒家學者對時代課題的回應。

一、圍繞李塨相關文獻整理的研究

學界對「顏李學派」的研究，從 19 世紀 80 年代才逐漸開始，目前所能見到的研究李塨的著作，或是以顏元為主，或是以顏李並稱作為整體來研究，當然，其中不乏有部分專門研究李塨思想的資料。戴望所作《顏氏學記》（商務印書館，1933）為後人瞭解「顏李學派」的實學思想提供了較為完備的本子。徐世昌創辦四存學會排印了《顏李叢書》42 種（四存學會，1923），是歷史上第一次最大規模的顏李著作結集。由陳山榜、鄧子平主編的《顏李學

派文庫》（河北教育出版社，2009）集合了當時相當一部分海內外對「顏李學派」實學思想的研究的簡體橫排本。由陳山榜點校，國家清史編纂委員會組織編寫的《李塨集》（人民出版，2014），在吸取前人整理成果的基礎上，諸本對照，誕生了迄今為止最有權威的李塨文集集合。這些文獻能幫助人們瞭解到李塨的思想及李塨的生平，李塨廣結海內名流、「遍質當代夙學」，李塨經學思想中的經世成分就是其在農民、醫生、學生、教師、幕僚的身份切換中，在遊學、為官、為師、為學的不同人生經歷中不斷發展起來的，最終形成了以「實文、實行、實體、實用」為基本宗旨，以「傳承道統、康濟民命」為根本目標的經世思想。

二、關於李塨實學思想的研究

十九世紀以來，繆荃蓀、陳虯、宋恕，著力挖掘顏李實學與西學的共通之處；劉師培、章太炎極力贊同顏李實學中的「六府」、「三事」、「三物」；梁啟超、胡適、錢玄同大贊顏李之學的實用主義；康有為、孫中山、李大釗、毛澤東都極力贊同顏李實學的「經世致用」精神，並努力在救國救民中宣傳實學思想。二十世紀，戴望的《顏氏學記》（商務印書館，1933）讓人們重新看到了顏李實學的光彩，此後，研究者逐漸增多。二十一世紀，研究顏李實學的重要學者有李偉波、朱義祿、姜廣輝、林保淳等，他們都積極展開對顏李實學的研究。除此之外，中國實學研究會也積極展開了對李塨實學思想的相關研究，2019 年 4 月 20 日，以「顏李實學及其現代價值」為主題的學術研討會在河北師範大學召開，認為顏李實學思想對當今社會有重要應用價值。「2019 中國實學大會」於 2019 年 12 月 14 日在京舉辦，葛榮晉、周桂鈿、吳光等先生出席大會。肯定了發端於北宋中葉、繁盛於明末清初的實學思想，提出加快建設新實學，用實學思想服務於「治國理政」的倡導。2019 年 12 月 20～24 日，「第十五屆東亞實學國際論壇」在日本舉行，王杰、李偉波等人赴日參會，探討了實學在現當代的價值和應用。

梁啟超的《中國近三百年學術史》（中國書店，1985）、錢穆的《中國近三百年學術史》（商務印書館，1937）、《中國思想史》）（遼寧教育出版社，1993）提到李恕谷僅僅作為顏元的弟子被提及，其思想響絕音沉，應值得具體研究；嵇文甫的《晚明思想史論》（中華書局，2017）、徐世昌的《清儒學案》（中華書局，2008）、楊向奎的《清儒學案新編》（齊魯書社，1994）列有恕谷學案，介紹了李塨部分經世思想，且羅列了李塨部分著作的重要原文；葛榮晉的《葛

榮晉文集・中國實學通論》（第五卷）（社會科學文獻出版社，2014）、吳超的《江南「博學鴻儒」與清初實學學風——以經史之學為中心的研究》（上海交通大學出版社，2020）將顏李放在清初實學、經學的大背景下，給予顏李實學極高的評價；朱義祿的《中國思想家評傳叢書——顏元、李塨評傳》（南京大學出版社，2011）對研究李塨思想提供了背景介紹。

目前對李塨實學思想的研究，幾乎放在對「顏李學派」哲學思想的研究之下。較早的有陳正夫的《試論顏元、李塨哲學思想的新因素》（江西大學學報，1986）指出顏元、李塨的哲學思想相對王夫之而言，雖然不那麼系統化，但是為清初的哲學思想增添了重實學、辨性理、重功利的新因素。他們清算了宋明理學的空談心性、虛妄無實、重義賤利、輕視價值、漠視效益等思想，批判了以性理為骨架的唯心主義理學，是我國古代哲學向近代哲學發展的中間環節，在哲學史上具有不容忽視的地位。由於師從顏元，李塨的哲學思想不可避免地受到顏元哲學思想的影響。

李塨繼承了顏元大部分的哲學思想，也有高於顏元的發揮之處。李瑞芳的《李塨哲學思想述論》（華南師範大學學報，2006）指出李塨在繼承顏元「氣在理先」觀點的基礎上，進一步提出了「理在事中」的唯物一元論宇宙觀；在認識論上，提出了「行先以知」的觀點；在人性論上，則主張人性本善，並建議發揮人的主觀能動性，去改良社會秩序，這是李塨哲學思想的核心所在。韓進軍的《李塨對顏元思想的背離與超越》（河北師範大學學報，2008）指出，在對「格物致知」的解釋上，李塨將「格」訓為「至」，「至」即「學」，學與行為二。將「格物」訓為「學習其事」，「格」與「學」的區別，則在於一深一淺，是學習的漸進過程，是通過抽象思維獲得理性認識的一個過程。李塨把知與行視為人們認識事物過程中相輔相成的兩個環節，既指出了知對行的指導，又強調行對知的檢驗，具有深刻的思辨色彩，認為求知的過程是「學（行）—知—行」的螺旋上升的三段式。彌補了顏元在知行關係理論上的不足，此乃李塨對「顏李學派」在「格物致知」認識論與方法論上的一大貢獻。

王春陽的《論顏李學派實學思想對〈儒林外史〉創作的影響》（中州學刊，2012），指出顏李實學在清代學術史上具有舉足輕重的地位，《儒林外史》的創作明顯受到「顏李學派」經世實學思想的影響。描寫的群儒祭泰伯祠及蕭雲仙在青楓城的勸學興農等活動，正是對顏、李「禮樂兵農」經世思想的具體闡釋。周振國的《燕趙思想家研究——明清卷上下》（河北人民出版社，

2014）錄入了韓進軍的《李塨實學思想研究》，論述了李塨對顏元實學思想
的繼承和發展。楊易辰和孔定芳的《顏李學派的哲學困境——以顏元、李塨
「格物論」為中心的考察《（理論觀察，2014）認為顏元試圖突破理學「體」
與「虛」的框架，創立新的「用」與「實」的儒學體系，形成了獨立的學派。
然而，顏元的格物論因薄視考據而淪為孤軍奮戰的境地。李塨則轉向經典求
證，接受了訓詁考據的治學方法，使得「顏李學派」的哲學思想得到完整的
記錄。李塨對顏學的吸收重在躬行六藝，對「格物致知」提出了新的見解，
他解「格物致知」的「格」為到其域而通之、搏之、舉之，以至於，「物」是
六藝、六德、六行之實事，「格物」即是舉事」，再由知以行，這才是格物致
知的先後定序。張海晏的《顏李學派的實學精神》（光明日報，2015）介紹
了顏李實學中的「實體」、「實用」、「實行」等範疇，既涉及宇宙論更關乎人
性論，體用一致於「實」。其中，最為看重的是社會實際的效果，儘管有泥
古、粗淺、過分倚重經驗等理論短板，但其求真務實、實事求是的精神，體
現了由傳統到近代轉型期的「經世致用」進步思想，是對封建社會末期籠罩
天下的理學、科舉的一種糾偏，也為後世廣泛接納科學精神和啟蒙思想作了
必要的理論鋪墊。因而，李塨的實學思想可概括為在經世思想影響下的政治
哲學。

三、對李塨易學的研究

　　除了關注李塨實學外，部分學者注重對李塨的經學思想的研究。李塨經
學涉及對《周易》、《論語》、《大學》、《中庸》、《春秋》、《禮記》的研究，及對
清初盛行的小學研究等等，都在不同程度上表現出了李塨對六藝實學的提倡，
對經世致用之學的倡導，以及李塨在治學方法上的轉變。易學方面，如今學
界對《周易》的梳理有一批領軍人物，朱伯崑、鄭萬耕、汪學群、徐芹庭、高
懷民、潘雨廷、余敦康、劉大鈞、林忠軍、楊效雷等。他們或者是梳理易學
史、易學斷代史，或者是對易學史有側重地進行綜論性梳理，著作皆為易學
研究領域的重要研究成果，其中不乏有對李塨易學思想進行整理論述的。然
而，綜觀學界其他對李塨易學的研究著作可謂鳳毛麟角，無論是對李塨易學
思想的整體論述，還是具體性分析，都有可稱道之處。其中，部分著作的論
述較為精準正確，論據充分，條理清晰，令人信服。

　　主要集中在對李塨易學文獻的整理及傳統治《易》路數上的研究。二十世

紀以來，陸續出現論述李塨易學的著作，如趙爾巽的《清史稿・李塨》（中華書局，1977），支偉成《清代樸學大事列傳・北派經學家列傳第二・李塨》（嶽麓書社，1998），蔡冠洛的《清代七百名人傳——李塨》（中國書店，1984），徐世昌主編的《大清畿輔先哲傳・師儒傳・李塨》（北京古籍出版社，1993）提到李塨批判宋易《河圖》、《洛書》之偽，肯定其「專明人事」的易學思想，但總體上還是概括性或單方面的論述。二十世紀八十年代以後，學界對李塨易學的研究才漸有系統性的論述，這一時期尤以朱伯崑的《易學哲學史》（華夏出版社，1995）第四卷，較為突出，且實有奠基之功。朱伯崑把李塨易學納入易學史，代表著當前學界對其易學思想及成就的關注和肯定。把李塨的《周易傳注》和毛奇齡的《仲氏易》放在一起，歸在「道學的終結和漢易的復興」這個章節下。從原文出發，闡述了李塨易學「專明人事」、「解易主取象說」、「抨擊宋明易學的圖書之學和先天易學」的三個特色。

　　進入二十一世紀，學界對李塨易學思想的關注呈現出一定程度的深入。汪學群的《清初易學》（商務印書館，2004）在繼承前人論述李塨易學駁河洛先天太極諸說的基礎上，論述了李塨易學「專明人事」的部分，指出李塨易學通過「即象玩義」的解易方法，將易學理論落實到人事上。徐芹庭的《易經源流：中國易經學史》（中國書店，2008）則把李塨的《周易傳注》列為占筮派易學中的象數易學。碩士論文方面，一篇是湖南師範大學，孔春傑的《李塨的易學思想研究》（湖南師範大學，2011）中，這篇論文對李塨「專明人事」的易學觀及獨特的解易方法進行了較為系統論述。另一篇是山東大學，董春的《李塨易學思想研究》（山東大學，2012），對李塨易學的特色、易學中的天人關係、實學視野下經世易學的建構進行了有條理的分析，具有極高的借鑒價值。可以看出，目前學界對李塨易學的研究停留在梳理部分內涵和特色的層面。直到《清代易學史》（齊魯書社，2019）的出現，使得李塨的易學煥發出獨特的理論魅力。對李塨易學的論述，比較完整地吸納了前人的研究成果，並有所發明，將李塨易學歸結到清初辨偽思潮下，圍繞李塨對易學的辨偽展開。

　　值得注意的是，李塨在《周易傳注》序言中說「習齋不言《易》而教我《易》者至矣。」因而，《周易傳注》無處不體現著李塨「專明人事」的實學思想。二十世紀八十年代以後，朱伯崑的《易學哲學史》（華夏出版社，1995）第四卷，指出李塨易學作為毛氏漢學和顏李功利之學結合的產物，並

非一概排斥天道,「假明人事」的天道觀抨擊了理學和心學,以致於十八世紀,在實學思潮的推動下終於產生了戴震哲學,這是李塨易學對哲學的重大貢獻。若論其缺憾之處,或於易學天道論方面有不夠完滿之感,許是朱伯崑有另外的考量,或未可知,以上囿於學識所限僅為一家之見,暫表疑問而已。進入二十一世紀,汪學群的《清初易學》(商務印書館,2004)指出,李塨否定朱子提出的義理之性善與氣質之性惡的主張,反對把性一分為二,倡導「性」可由「習」而變,提出改變「人性」的方法即堅持儒家的修身之道,肯定了人事的積極作用。李塨治《易》重人事的實質是務實,借解《易》進一步闡揚「顏李學派」倡導的「六藝實學」,即以古代務實的儒學取代宋儒虛幻的心性之學。李塨認為易學重在教導修身自省、以民為本、建立法制、禮德教化百姓、刑法變通等觀點,從而使得易學擺脫空泛的說教而趨於務實。汪氏還指出,李塨的治《易》方法雖為考據學,但他通過治《易》再現了「顏李學派」的務實學風,有助於在考據學盛行的潮流中弘揚「顏李學派」的實學思想,完美融合了顏李實學與考據實學。李偉波的《李塨易學的經世精神》(周易研究,2009)指出,李塨解《易》落足於宇宙人生的事事物物,表述了他明經世之道、重人倫日用的務實思想。

楊效雷的《李塨易學述論》(周易文化研究,2015)指出李塨實學思想以實踐實證、實學實用為要旨,其易學思想既為實學思想中不可割裂的部分。值得一提的是,近幾年來學界還出現了從詮釋史的視角解讀《周易》的著作,楊效雷的《中國古代〈周易〉詮釋史綱要》(中州古籍出版社,2017)解讀李塨易學思想時,除了總結前人所論及的「專明人事」外,專門論述了《周易傳注》中蘊含的實學思想,即樸素的辯證法思想、發展變化的歷史觀、實踐為首的認識論、尊天命的同時強調發揮人主觀能動性的天人觀。不僅如此,認為李塨的《周易傳注》中還有超越功利的吉凶觀,以形而上的天道為依據,因而十分強調道德義理標準。雖然李塨易學大部分是儒家積極入世的思想,但是由於儒道互通的緣故,李塨易學思想中不可避免的出現了退隱、貴柔、處下、知止不殆、崇靜、無為、道法自然的道家成分。對於李塨引史事以證經文的部分,作者認為是李塨對史事一宗的繼承,雖然難免存在牽強附會之處,但客觀上將哲學智慧和歷史智慧有機結合了起來,這樣的治《易》方法是有積極意義的。相對前人的研究而言,整體結構不僅顯得完備,也完美展示了李塨易學在詮釋史上的地位。《清代易學史》(齊魯書社,2019)對李塨易學

的論述，首先從李塨從學於顏元著手，因而李塨易學呈現出《易》「專明人事」的特色。李塨易學是實學在易學詮釋中的體現；其次，從清初辨偽思潮入手，立足於《周易傳注》分析說明李塨的駁卦變之說、駁五行解《易》、駁河圖洛書、駁先天之學的部分，多是吸收了同時代易學家的具體觀念。因此，李塨經學中易學部分的主要貢獻在於其實學特色的易學詮釋理路，開啟了新的經學詮釋路徑。

四、對李塨易學外其他經學思想的研究

李塨經學涉及對《周易》、《論語》、《大學》、《中庸》、《春秋》、《禮記》的研究，及對清初盛行的小學的研究等。然而，學界對李塨經學的研究多集中在李塨易學上，對其他經學方面的研究甚少。例如，對李塨《論語》思想的研究，目前僅有李智平的《顏元李塨〈論語〉解經思想研究》（花木蘭文化出版社，2010）對顏李就《論語》的研究有專門論述。立足於明末清初的學術變化，論述了顏元、李塨對《論語》的詮釋，及其所包含的政治、教育、哲學思想。此外，閻國華的《試論李塨實學教育思想》（2009）論述了於《小學稽業》、《大學辨業》中可見李塨對小學、大學學習內容及學習規章上的見解，指出李塨的實學教育觀頗具現代教育的雛形，並指出李塨在清代小學研究上有一定成就。杜學元的《論李塨〈大學辨業〉的教育哲學思想及其借鑒價值》（教育文化論壇，2019）指出李塨《大學辨業》為當今的大學教育提供了方法論指導，李塨倡導師者應引導學生「求真達」，幫助學生完成由「下學」而「上達」的轉變，這與李塨晚年和眾多經學家倡導通過考據經典、恢復漢代經學體驗聖人之理的學術倡導一樣。林存陽的《李塨禮學思想探析》（中國社會科學院研究生院學報，2003）指出李塨的經學思想並非停留在理論中，李塨自身也重視踐行禮學思想，不僅堅持每天做日譜，還常躬身自省，為清初經學中研究禮學的復興開了先河。此外，學界目前沒有其他對李塨經學的研究。

五、對李塨經學思想研究的反省與展望

綜上所述，學界對李塨經學思想的研究，多為在對李塨相關文獻整理、李塨實學內涵的研究、李塨經學中易學思想部分的研究。做得完善的地方在於，首先，對李塨相關文獻整理的研究，為後世解讀李塨經世思想提供了充分的史料；其次，對李塨思想中的實學內涵的研究較為系統、完整，為研究

李塨經學在教育、政治、經濟、軍事、史學等方面的經世成分提供了完備的理論基礎。不足之處在於，一、學界對李塨經學的研究集中在對李塨易學思想的研究上，對李塨易學的研究有一定成就，但李塨經學還涉及對《論語》、《大學》、《中庸》、《春秋》、《禮記》的研究，此外，李塨在清代小學上也頗有成就，然而學界對此幾乎沒有研究。二，學界對李塨經學在教育、政治、經濟、軍事、史學思想鮮有關注，也未能發揮出其中的經世思想，未能看到李塨經學開闢了新的經典詮釋方向，也未能看到李塨對政治哲學的貢獻。三、學界未能透過對李塨實學、李塨經學的研究，看到清代學術思潮轉變的內在原因。四、學界能看到李塨晚年納入考據之法闡發顏李實學，卻未能看到李塨採納的僅僅是研究方法而非拋棄顏李實學的學術取向，集中在判斷李塨是否有背叛顏李實學上。五、學界未能看到李塨經學中的實踐關懷，將李塨經學同毛奇齡等以考據訓詁為主的經學同等看待。

　　因此，學界應加深應在把握李塨經學中的經世思想的基礎上，以《李塨集》為主要文獻，從經典詮釋、政治哲學、實踐關懷的視野關照李塨經學，同時將李塨放在清初學術變遷的背景下，結合李塨人生經歷研究李塨經學對明清之際中國哲學向何處去的回應和推動，這樣既能發掘李塨經學中的時代價值，也能幫助學界重新認識明清之際的哲學轉向的問題。值得注意的是，毛奇齡等經學家的經學研究多是多從訓詁、考據角度切入，而李塨則是以訓詁考據為依託、從實學角度切入，使得李塨經學在經學史上具有獨特的魅力。研究李塨經學，能讓學界對比不同視角下的清初經學。若能以李塨易學為基點，擴展到對李塨經學的研究，挖掘出實學視域下李塨經學的價值，嘗試對其經學做整體性把握，便能填補學界在清初經學史上的研究空缺。

箚　記

是「上大喜」，還是「上銜之」？
——方志中袁凱得罪佯狂說考論

李玉寶、吳文

　　袁凱是元末明初著名詩人，有「國初詩人之冠」的美譽。因其才氣影響甚大，故洪武三年（1370）以薦授監察御史。在任御史的十三年中，史志有確切紀載的關於袁凱的政事有兩件，一件是洪武三年十月上疏，請為明初武將們講書以明儒家君臣之禮，朱元璋「嘉納之」。這件事見於《明實錄》，明史和明清方志均無異議。另一件事是說一次朱元璋錄囚畢，命袁凱送皇太子覆訊，太子朱標為人仁厚，多所矜減。袁凱還報，朱元璋問：「朕與太子孰是」？袁凱回答：「陛下法之正，東宮心之慈。」對此回答，有關朱元璋的態度明清方志記載是不同的。明正德間顧清纂《松江府志》、崇禎間陳繼儒纂《（崇禎）松江府志》均作「上大喜，從之」。但清代方志或略去朱元璋的態度，或繼承《明史》的寫法：「帝以凱老猾持兩端，惡之。」朱元璋「惡之」的態度，又導致「凱懼，佯狂免，告歸。」「上大喜」和「上銜之」是兩種不同的態度。朱元璋在錄囚中的態度到底是怎樣的？袁凱是否因錄囚而佯狂告歸？釐清朱元璋在錄囚事件中的態度和袁凱是否因朱元璋「銜之」而佯狂告歸，對認識袁凱的形象及明清方志的編撰有一定啟發意義。

一、「上銜之」更合乎史實

　　錄囚制度起源於漢代，由皇帝或主管刑律的官員對定罪的囚犯進行覆議，以免造成冤假錯案。明清時期，皇帝一般不再親自錄囚。洪武十五年

（1382）十月，明政府進行了一次規模較大的錄囚活動〔註1〕，朱元璋在錄囚開始前，專門對錄囚官員作了訓示。（《太祖實錄》紀載了這次錄囚事，但袁凱沒有出現；地方志、《明史》中始出現袁凱與朱元璋的對話）錄囚完畢後，朱元璋命將錄囚結果送太子處理。袁凱和朱元璋關於錄囚的對話就發生在太子處理完，再次奏聞朱元璋時。《（正德）松江府志》中「袁凱傳」全文如下：

> 袁凱字景文，其先蜀人，占籍華亭。父介，字可潛，元末為府掾，以詩名吳中。凱長身古貌，言議英發，尤長於詩，專學杜工部，如《客中除夕》《江上早秋》等作，雜之杜集中，殆不能辨。洪武中為御史，故老相傳，上一日錄囚畢，令凱送東宮覆審，遞減之。凱還覆命，問：朕與東宮孰是？凱頓首曰：陛下法之正，東宮心之慈。上大喜，悉從之，後以疾罷歸，卒〔註2〕。

一百多年後陳繼儒再纂修《（崇禎）松江府志》時，有關袁凱的記載與顧志幾乎完全一致：「洪武中拜侍御史，上一日錄囚事竣，送東宮覆審，遞減之。凱還，覆命。上問凱：朕與東宮孰是？凱對曰：陛下法之正，東宮心之慈。上大喜，從之。後以疾放歸。上覆思凱，即其家拜本學教授，凱對使者瞪目熟視，唱《月兒高》一曲，使者還報，以凱為真風，遂不果召。」所不同者在於錄囚事外又增加了佯狂唱曲避禍一事。

入清後，史志有關錄囚一事中朱元璋對袁凱的態度則發生了變化，萬斯同等纂《明史稿》載錄囚事曰：

> 帝慮囚畢，命凱送皇太子覆訊，太子多所矜減，凱還報。帝問：朕與太子孰是？凱頓首言：陛下法之正，東宮心之慈。帝以凱老猾，心持兩端，銜之。凱懼，託瘋疾告歸。既而帝遣人密詞之，以佯狂得免。凱工詩，有盛名，性好恢諧。既歸，自號海叟，每背戴烏巾，倒騎黑牛，遊行九峯間，好事者慕之，至繪為圖，竟以壽終。初凱在楊維楨座，客出所賦白燕詩，維楨頗嘉之，凱微笑，因別作一篇以獻，維楨大驚賞，徧示坐客。凱名由是起，人呼之曰袁白燕〔註3〕。

〔註1〕「中研院史語所」編《明實錄》（卷149），「中央研究院」歷史語言研究所刊1962年版，第2351頁。

〔註2〕陳威修，顧清纂：《（正德）松江府志》（卷30），《四庫全書存目叢書》第181冊，齊魯書社，2007年版，第808頁。

〔註3〕萬斯同《明史》（卷386），《續修四庫全書》史部第331冊，上海古籍出版社，1997年版，第141頁。

　　萬斯同《袁凱傳》中「上銜之」為張廷玉《明史》所繼承：「帝以凱老猾持兩端，惡之。」但張廷玉《明史》沒有增加萬斯同《明史稿》中「帝遣人密詢之，以佯狂得免」的內容，這說明張廷玉《明史》對「帝遣人密詢之，以佯狂得免」也是持保留態度的。此後，清代方志載袁凱傳或遵張廷玉《明史》「以凱老猾持兩端，惡之」的寫法（《（乾隆）華亭縣志》、《（光緒）重修華亭縣志》內袁凱傳均作「帝以凱持兩端，心不懌」），或者不言錄囚事（如蔣廷錫纂《（康熙）大清一統志》、閔世儁纂《（雍正）雲間志略》、和珅修《（乾隆）大清一統志》等，均對錄囚事避而不談），或者載錄囚事而不言朱元璋的態度（如宋徵輿纂《（康熙）松江府志》、莫晉纂《（嘉慶）松江府志》等）。

　　《明實錄·太祖實錄》載錄囚事中沒有袁凱的身影，假如袁凱真如史志所載參與了錄囚，那朱元璋在錄囚畢送太子驗後對袁凱的態度哪一種最接近歷史的真實呢？筆者以為還是以「上銜之」或「上不懌」更符合歷史事實。《明太祖實錄》中雖沒提到朱元璋和袁凱的對話，但透過《明史》《明實錄》的記載，還是可以窺見蛛絲馬蹟。其一，洪武十五年十月確有錄囚一事。在錄囚前，朱元璋訓示官員道：

　　　　錄囚務在情得其真，刑當其罪。大抵人之隱曲難明，獄之疑似難辨，故往往有經審錄尋復反異，蓋由審刑者之失以至此耳，故善理獄者惟在推至公之心，擴至明之見，則巧偽無所隱，疑似無所惑，自然訟平理直，枉者得伸，繫者得釋。苟存心失公，聽斷不明，是猶全衡以求平，掩鑒以索照，獄何由得理，事何由能直？今命爾等錄囚徒，務以公破私、明辨惑，毋使巧偽繁滋而疑讞不決，生者拘幽於囹圄，死者受冤於地下，非惟負朕慎刑之心，實違上天好生之意。凡錄囚之際，必須先稽閱前牘，詳審再三，其有所訴，即與辨理，具實以聞〔註4〕。

　　明確告誡官員要秉公執法，明察秋毫，不要讓「巧偽繁滋而疑讞不決」。方志中袁凱回答雖「巧」，但無助於問題解決，又沒有什麼原則性錯誤，故朱元璋「不懌」是極有可能的。

　　其二，亂世用重典是朱元璋治吏的信條，《明史》載：「始，太祖懲元縱馳之後，刑用重典。〔註5〕」在此信條下，官員得咎者多。《太祖實錄》卷一

〔註4〕「中研院史語所」編《明實錄》（卷149），第2351頁。
〔註5〕張廷玉等《明史》（卷93），中華書局，1974年版，第2279頁。

四五載：「（洪武十五年五月）乙卯，監察御史雷勵坐入人徒罪，上責之曰：朝廷所以使頑惡懾服，良善得所者在法耳，少有偏重，民無所守，爾為御史，執法不平，何以激濁揚清、伸理冤枉？且徒罪尚可改正，若死罪論決，可以再生乎？命法司論勵罪，以戒深刻者。〔註6〕」即主張對知法犯法者從重論處。在此治吏原則下，朱元璋不可能為了袁凱一句毫無建設性的「陛下法之正，東宮心之慈」而大喜。

二、袁凱告歸前後並未佯狂

關於袁凱佯狂之說，正史記載最早見於張廷玉《明史》，而張修《明史》承襲於萬斯同《明史稿》。萬斯同《明史稿》載錄囚一事云：「帝以凱老猾，心持兩端，銜之。凱懼，託瘋疾告歸。」萬斯同言袁凱「託瘋疾告歸」來自哪裏？今所見最早紀載袁凱錄囚軼事的是都穆（1459～1525）《都公談纂》：

> （袁凱）洪武間為監察御史，時周王有罪，高皇帝欲誅之。懿文皇太子晝夜號泣，上不能決。一日臨朝，召問諸御史。凱對曰：陛下欲誅之者，法之正；太子欲宥之者，心之慈。上怒，以為持兩端，命繫之獄。嘗使人往視曾食否。曰：不食已三日矣。上因引對諭之曰：女言亦有理，但可在父子之間使，他事則不可也，遂赦其罪。凱懼，因佯狂不朝。上問：袁凱如何不見？眾以顛疾對。上曰：吾聞風顛者不識痛癢，因舁之來，以木鑽鑽之，凱殊無痛苦。上曰：闒茸不才，放回原籍。凱歸，其狂如故。上聞，遣使諭曰：上常思念先生，使先生為一郡教授，鄉飲酒，位大賓，何如？凱方負鐵鍊，謳小辭，瞠目不答，遂得免死〔註7〕。

都穆所載又多為陸深所繼承，寫入筆記《金臺紀聞》中，並根據民間傳說附會了其他內容，更類小說。都穆、陸深筆記外，明末清初還有兩篇傳記頗注意，一是何三畏的《雲間志略》，一是朱彝尊的袁凱傳。

> （袁凱）古貌長身，議論英發而尤工於詩，蓋叟父介者，元末為府椽，以詩鳴吳中，此其淵源之自也，而其詩專學杜工部，如《客中》《除夕》《江上書懷》諸篇，雜之杜集中，未易識辨。又嘗以《白燕》詩得名於時，號為袁白燕雲。洪武中拜侍御史，為上所知。上

〔註6〕「中研院史語所」編《明實錄》（卷149）第2273頁。

〔註7〕都穆《都公譚纂》，《四庫全書存目叢書》子部第246冊，齊魯書社，1997年版，第361～362頁。

一日錄囚，事竣，送東宮覆審，遞減之。凱還，覆命。上問凱：朕與東宮孰是？凱對曰：陛下所訊者法之正，東宮所宥者心之慈。上以其持兩端也，意殊不懌，數數口誦公兩言，叱凱退。凱懼不免，遂披髮佯狂，放歸。釋惠文冠，而服芰荷之衣，屏居東海岸畔。已而上覆思凱，即其家拜本郡儒學教授，叟對使者頹然、夷然，不望闕扣首謝恩，而第唱《月兒高》一曲，且坐臥污穢中。使者還報，上以凱為真狂也而貸之。叟於是因得縱情閒散，長歌高嘯，優游以終其餘年〔註8〕。

（袁凱）幼力學，能詩。常熟岑大本賦白燕詩，為楊維楨稱，凱見曰：未見體物之工也。更賦一首，維楨亟賞之，一時流播，人呼白燕。武三年以布衣拜監察御史，上疏曰：國家戡定四方，固資將帥之力，今天下既平，將士多在京師，精悍有餘，其於君臣之禮尚未究，臣請於都督府延致通經學古之士，朔望朝罷，諸將赴都堂聽講史，庶幾忠君愛國之心、全身保家之道油然日生，而不自知也。又曰：小人犯罪，固不可赦，若老成長者或有過誤，宜加矜恕，養其廉恥以收他日之功。帝嘉納焉。遂勅省臺，聘儒士於午門番直與諸將士書。一日，帝慮囚畢，命凱送皇太子覆審，太子遞減之，凱還報。帝問曰：朕與太子孰是？凱頓首曰：陛下法之正，東宮心之慈。帝以凱持兩端，心不懌。凱懼，託疾歸，帝使人詗之，佯狂得免。凱貌臞而長身，有才辯，善謔。歸田後恒背戴方巾，倒騎烏犍，往來泖水，上登九峰。好事者圖以入畫。凱詩絕去雕飾，論者推為明初詩人之冠〔註9〕。

這兩篇傳記都紀載了袁凱因恐懼而「佯狂告歸」或「託疾歸，佯狂得免」的內容，但沒有採用都穆、陸深「木鑽鑽人」之說。作為歷史學家，萬斯同《明史稿》中的人物傳記資料「本之《實錄》，而參以他書」〔註10〕，「諸書有同異者，證之以《實錄》；《實錄》有疏漏紕繆者，又參考諸書，集眾家以

〔註8〕何三畏《袁侍御海叟公傳》，《四庫禁燬書叢刊》史部第 8 冊，北京出版社，2001 年版，第 295 頁。

〔註9〕朱彝尊《曝書亭集·袁凱傳》，《四部叢刊初編》第 1702 冊，商務印書館 1936 年版，第 63 卷第 4 頁。

〔註10〕徐乾學《修史條議》，《憺園文集》卷十四），《續修四庫全書》第 1412 冊，上海古籍出版社，1997 年版，第 490 頁。

成一是。」（同上《修史條議》第 488 頁）但《實錄》並沒有朱、袁關於錄囚對話的內容，故萬斯同在《明史・袁凱傳》中根據錄囚一事而「參以他書」寫入了「上銜之」及「凱懼，託瘋疾告歸，既而帝遣人密詗之，以佯狂得免」的內容，以補《實錄》之「疏漏」。需要注意的是萬斯同所撰「既而帝遣人密詗之，以佯狂得免」也沒為張廷玉《明史》所採用，這或許是它太似小說的原因。

那麼，袁凱在告歸前後是否「佯狂」即裝瘋呢？這得借助袁凱作品來考查了。易代之際，生靈常遭塗炭，生命脆如蟻螻，士人常懷生命之憂。隱居不仕成為士人的生命選擇，袁凱也有此情結。他在《古意二十首》其十四中說：「陶潛不願仕，既仕亦為貧。遙遙去鄉曲，當時已酸辛。衣冠對俗吏，自夘直至申。終日惟一殯，濁醪豈沾唇。歸來荒園裏，此志乃復伸。清風坐北牖，雞黍會四鄰。茫茫宇宙中，我思見其人。」（萬曆本《海叟集》卷二，版本下同）名詠陶潛，實乃自況。《新除監察御史辭貫涇別業》寫在他不得已應薦赴都時：「側席念賢俊，旁求逮凡鄙。謬當南宮薦，重此柏臺委。命嚴執敢後，中夜去田里。鄰友贈予邁，切切語未已。妻孥獨無言，揮淚但相視。於時十月交，悲風日夜起。輕舟泝極浦，瑟瑟響枯葦。驚梟亂沙曲，孤獸嘷荒市。回首望舊廬，煙霧空迤邐。撫膺獨長歎，胡為乃至此。顧予久縱誕，遠跡隨鹿豕。乃茲年已邁，精氣固銷毀。趨事深為難，速戾將在是。皇恩倘嘉惠，還歸臥江水。」（萬曆本《海叟集》卷二）全詩完全沒有赴京任監察御史時的歡喜，有的只是淚水和長歎，實在是怕「速戾將在是」，還沒到京，已經在念叨「皇恩倘嘉惠，還歸臥江水」了。

洪武十三年，胡惟庸案發，朱元璋藉此大肆誅殺臣僚，京城一時一片肅殺。袁凱此時在京，自然膽戰心驚。次年袁凱有《辛酉大醉書東郊主人壁》詩：「人生百年中，疢疾與災危。風雨愆期至，歡樂能幾時。仲春二三月，桃李正華滋。……終夜不能眠，握算至晨曦。一朝籍縣官，雖悔何所追。」（《海叟集》卷二）袁凱內心是不平靜的，以致終夜不能眠。《察院夜坐》云：「耳目幸無役，心意多遐想。園廬日應敝，蘿蔦春還長。況茲綱紀地，王事方鞅掌。安得春江棹，東原歸偃仰。」（《海叟集》卷二）時刻想的還是在故鄉山水中優游餘生。《京師歸別墅》言自己「政拙辭驄馬，身閒問綠蓑。」（《海叟集》卷三）言自己拙於政事，或即與「錄囚」有關。《村居懷京下一二友生》寫在自己歸鄉後，頗可注意，詩云「罷職非能吏，歸田即老農」，（《海叟集》卷三）

言自己罷職回鄉皆因「非能吏」，因「政拙」而「辭驄馬」，易使人聯想到「上銜之」。《新治圃成》詩云：「自余通宦籍，職事勞紛冗。祿食雖云美，私心恒自恐。歸來得蕭茹，採擷聊自奉。且遂丘園樂，永謝承明寵。」（《海叟集》卷二）可以看出，朱元璋的酷政和誅殺讓袁凱始終惴惴不安，錄囚一事的「上銜之」更讓袁凱心懷恐懼，於是辭歸之心日堅。試想，如果袁凱在京城前後得「風疾」或裝瘋，他是不能也不敢寫表現自己生命歷程的詩篇的，否則這些詩作就是他欺君的鐵證！袁凱得以安全歸來的原因只能用告病還鄉解釋了，只不過這病看起來出人意表罷了。

三、小　結

　　袁凱是元末明初松江府著名詩人，其在文壇地位幾與「吳中四傑」並駕，故松江後人在進行地方文化大廈構建時總是將袁凱拎出進行濃墨重彩的渲染，以增強松江士民的地域自豪感、歸屬感。在此構建過程中，明代史部著述（地方志、地方史傳）囿於材料的缺乏及為了更好的塑造人物，借鑒了子部著述中的小說筆法，如明代《（正德）松江府志》主要寫了袁凱參與錄囚一事（見前引），且此事的來源是「故老相傳」，頗與史志的嚴肅性不符。隨著袁凱的逸聞軼事在士民間不斷流傳、發酵，袁凱的形象越發豐滿、可親，成為構成方志的絕佳質材，這必然會影響到方志的編纂。迨至陳繼儒纂《（崇禎）松江府志》時，又增加了「後以疾放歸。上覆思凱，即其家拜本學教授，凱對使者瞠目熟視，唱《月兒高》一曲，使者還報，以凱為真風，遂不果召」的內容〔註11〕，另外，還需要注意的是，《（崇禎）松江府志》在增加袁凱佯狂的同時，以小字的形式採入了《明太祖實錄》中袁凱為武將講書的內容，這或許是陳繼儒等編纂者在纂修方志時已能看到《明實錄》的原因。總之，明代方志編纂受明代心學思想及明代學風影響甚大，一些未經考證的事件在「故老相傳」的情況下也寫入了方志，這頗與明人「空疏不學」的學風相契合。

　　反觀清代方志，相對要謹嚴些。一些未經證實的「故老相傳」或承《明史》的態度有所保留，或不將無稽之談採入志書中，如（清）宋如林修、莫晉纂《（嘉慶）松江府志》中的袁凱傳，雖寫了袁凱錄囚一事，但並沒有寫朱元璋的態度，也無袁凱佯狂告歸的內容。（清）楊開第修、姚光發纂《（光

〔註11〕 方岳貢修，陳繼儒纂《（崇禎）松江府志·袁凱傳》，《中國地方志集成·上海府縣志輯》，上海書店出版社，2010 年版，第 970 頁。

緒）重修華亭縣志》在袁凱傳中主要寫了兩件事：為武將講書和參與錄囚，關於錄囚中朱元璋的態度及袁凱的反映，該志云：「帝以凱持兩端，心不懌。凱懼，託疾歸」，並以小字的形式詳細對前志、筆記中關於袁凱佯狂及其他軼事作了詳實考辨，得出的結論是：「得罪佯狂之說殆傳聞之誤，茲既摘取異同，以存其疑，而復考之如此。〔註12〕」可以看出，清代方志纂修者受乾嘉考據學風的影響，對未經證實的不經之談相對謹慎得多。清代方志是乾嘉求實學風影響下的產物。

〔註12〕楊開第修，姚光發纂《（光緒）重修華亭縣志·袁凱傳》，《中國地方志集成·上海府縣志輯》，上海書店出版社，2010年版，第592頁。